今しかできない!

子供の脳力を引き出す

# ここ一番の言葉

おのころ心平・著

かざひの文庫

# はじめに

本書を手に取ってくださりありがとうございます。

さっそくですが、あなたのお子さんは、今、おいくつでしょう？　小学校低学年？　多感な5〜6年生？　ざわめく中学生？　そろそろ大人への高校生？　あるいは、もっと小さいイヤイヤ期の「魔の2歳児」？　就学前の幼稚園や保育園の頃だとしたら、習い事や勉強についていけるか気になる頃ですよね。

兄弟姉妹がいれば、この質問はもう少し複雑だし、子育て中といっても、第一子が生まれたばかりのお母さんと高校生のいる母親とではまったく立場が違うでしょう。

でも、あなたが今、どんな年齢のお子さんを子育て中だとしても、たとえば誕生したばかりの自分の子供にワクチンを受けさせるかどうかを考えていたとしても、小学校の5年生で算数がぜんぜんわからないと言っている子供をどうにかしたいと思っているとしても、また、子供が中学校に上がったばかりで、どうやら「いじめ」の問題に巻き込まれているかもしれないと深刻になっているとしても、それを一度、0歳から大人になるまでの、その子の長いスパンの中での「物語の一コマ」ととらえなおしてみましょう。その観点で眺めてみると、また違った発想が生まれてくるかもしれません。

今の親子関係は過去の関係がつくっており、今の関係もまた、未来の親子関係をつくります。子育てとは、子供側から見れば、親がどんな態度で自分に接してくれたか、ただそれだけの記憶がつなげています。

そこで思い出してみましょう。あなたとあなたの親との関係を。それは、どんな思い出で彩られているでしょう？　あなたが思い出すのはどんな場面でしょうか？　たくさんある中でも印象的なシーンこそが、あなたのお母さんやお父さんのイメージを決定づけているはずです。

いつも仕事で忙しかったお父さん……。小学校最後の運動会に、何とか予定をつけて駆けつけてくれました。リレーで走る自分を、ぐるぐる腕を回しながら大声で応援してくれた記憶が鮮烈だったとしたら、6回中、5回まで来てくれなかった運動会も、ちゃんと来てくれたという大切な思い出になっているはずです。

いつも勉強とお稽古事に厳しかったお母さん……。でもある日、ふだんは履いたことのないデニムのジーンズで「今日はゲームセンターに行こう！」とあなたを誘いました。うしろポケットからコインを取り出し、一緒に撮ったプリクラの、2人の笑顔がとても素敵だったとしたら、あなたの記憶はただただ厳しいお母さんばかりではなく、本当はとびきりやさしい笑顔の持ち主という印象が残るでしょう。

さあ、今度はあなた自身の子育てを振り返ってみる番です。子育てには、力の抜きどころと入れどころがあります。ここ一番、ちゃんと向き合って話し合っておくべき場面で、あなたはどんなシーンを子供の記憶の中につくりたいですか？

親は、はじめから親なのではなく、子供に親にしてもらいます。この子と一緒に親になってきた自分自身も含めて、大きな流れとして過去をとらえなおしてみると、そこに、今しかできない「かけがえのない子供への問いかけ」が見えてきます。本書を通じて、それをぜひ知ってほしいのです。

「この子を育てる」という大きな流れを感じながら、私自身も親として育つ……。両者が織りなすかけがえのないコミュニケーションを考えていきましょう。本書ではそのアプローチの方法として、「.ｉｂマッピング」というメソッドが登場します（第7章参照）。真ん中の大きな円にテーマを書き込み、付随する質問を枝から伸ばしていくというシンプルな構造ですが、この方法は子供の脳のイメージ力や言葉の発達に効果的な影響を与えます。質問されたことに対する自由な連想をうながすこの方法は、子供の脳のシナプスを縦横無尽につなぐ大切な役目を担うでしょう。

私は21年間のカウンセリングを通じて、子供のカラダの発達とココロの成長の関係とを実地で研究してきました。カラダが示すココロのメッセージについては、およそ2万3千件以上の臨床経験があります。

子供がカラダをどう発達させ、それに伴いココロをどう成長させるのか？
そこに親は、どんなタイミングで関わることができるのか？
本書で提案する試みは、これまでにはないミラクルな結果をもたらすでしょう。

**おのころ心平**

## 子供の脳力を、ぐぐっと引き出す
# 肯定語の力

ついつい、「〜〜しないように」と言ってしまいがちな、子供への言葉がけ。「〜〜」に入るのは、だいたい遅刻、事故、けが、失敗というあまりよろしくないイメージです。〜〜しないで、と否定語で打ち消しても、〜〜で先行したその単語は、子供の脳の中にイメージを創り出します。

「赤いシャツをきた象がサングラスをかけてこちらをちらっと見てニッと笑っている映像を、決して想像しないでください」

と言われると、逆にその象を鮮明にイメージしてしまいます。子供の脳にとって、後にくる「打ち消し語」よりも、先にくる単語からのイメージの方が強く作用するのです。

言葉がけは、とくに何かをしてほしい時、してほしくない時は、なるべく言葉を工夫して、子供の脳に肯定的なイメージを創りだしてあげましょう。

成功、幸せ、美しい、達成感……持てる肯定語をフル活用しましょう。

・こぼさないように運んでね　☟　上手に運んでね
・遅れないで　☟　～時～分までに行こうね
・散らかさないで　☟　きれいにしよう
・赤信号はわたっちゃダメ　☟　青になったら進もう
・走っちゃダメ！　☟　ゆっくり歩こう。
・うるさい！　☟　静かにね
・汗かきっぱなしで風邪ひくわよ　☟　汗かきっぱなしでもいつも元気だね
・心配しすぎよ　☟　大丈夫よ
・もう、知らない　☟　●●してくれるとうれしい
・そんなの考えないの　☟　その考えは捨てよう
・誰々ちゃんはできるのに　☟　あなたはあなたらしくね！

## 子供の脳力を、ぐぐっと引き出す「ここ一番の言葉」
# 子供の症状に込められたメッセージ

子供の症状は、高熱、結膜炎、湿疹、虫歯、中耳炎など、頭部や皮膚の五感器官に出ることが多いです。まさに自覚しやすい症状ですね。共通点は、とにかく思考回路を邪魔するという点です。カラダは、わざわざそういったわかりやすい場所を通じて、抑圧エネルギーを放出しようとするのです。

子供は大泣きしたり、大笑いしたり、嫌だと言えたり、気持ち悪いと表現したり、感情表現が大人より上手です。

同じように子供のカラダも表現力豊かで、エネルギーをたくさん溜めてしまう前に症状を出すことができます。日常で出す子供の症状がどんなココロのメッセージを携えているのか？　私が20年以上のカウンセリングの現場で得たデータをもとに、その時の「ここ一番の言葉」がけを一覧にまとめました。

**風邪**…一度に多くのことを抱え込んだ結果、混乱、

☞「治ったら能力がひとつ上がってるよ」

**高熱**…抑圧した悲しみや体内毒素の燃焼

☞「熱が引いたら頭もココロもすっきりするね」

**目の充血**…解決できないことへの不満と怒り

☞「一生懸命だったんだね・ゆっくりやろう」

**疲れ目**…現実逃避、自己効力感の低下、どうせというあきらめ

☞「休んでいいよ。よく頑張ってるもんね」

**中耳炎**…両親の不仲、言わなくても察しろという態度に対するストレス

☞「ごめんね。治ったらもっとお話しようね」

**鼻づまり**（慢性）…自分の才能へのフタ、親からの束縛感

☞「あなたは私の想像以上の才能を持ってるのね」

**鼻水**（水っぽい）…考えがまとまらない、落としどころが見つからない

☞「ゆっくり考えようよ」

**いびき**…言いたいことを言わせてもらえない

☞「今日は普段はしないお話を聞かせてよ」

**口内炎**…受け入れがたい価値観、すぐそこにある不安

☞「最近、怖いことや不安なことってある？」

**口の中をかむ**…焦りか嫉妬の現れ、いつまでも甘えていたい

☞ハグをしてあげて。「いつもよく頑張ってるね」

**虫歯、歯痛**…ののしりたい気持ちを抑える、自分への攻撃

☞「治療して治ったら、もっとやさしいココロになれるよ」

**歯ぎしり**…なんでこんな目に、という怒りを我慢

☞「不公平なこととか、損なこととか、それは貴重な勉強にしよう」

**歯肉炎**…優柔不断な自分への怒り

☞「毎日、少しずつ『決める！』練習をしようか」

**げっぷが多い**…不安からくるいらだち、自分でも気づかない怒り、衝動

☞「心配なことがあったら、今日はとことん聞くよ」

**のどの痛み**…自分の気持ちが十分伝わっていないことへのいらだち
👉「治ったら、たーくさんお話をしよう」
**扁桃腺のはれ**（アデノイド）…家庭不和、両親のコミュニケーション不足
👉「お母さん（お父さん）もたくさんお話するようにするね」
**咳**…抵抗、近寄らないで、涙の代わり、自己浄化
👉「そっとしておいてほしい時もあるよね」
**ぜんそく**…ものわかりがよすぎる、期待に応えようとしすぎる
👉「いつもお母さん（お父さん）のこと考えてくれてありがとう」
**汗**（寝汗）…だれかとつながっていたい、全面的に受け入れてほしい
👉ハグをしてあげて。「いつでもあなたの味方だよ」
**皮膚のかゆみ**…自分は特別な存在だとアピールしたい
👉「あなたは特別。誰にもない才能を持っているんだよ」
**車酔い・船酔い**…無力感、コントロールできないことへの恐れ
👉「いま得意なこと、好きなことって何？」

CONTENTS

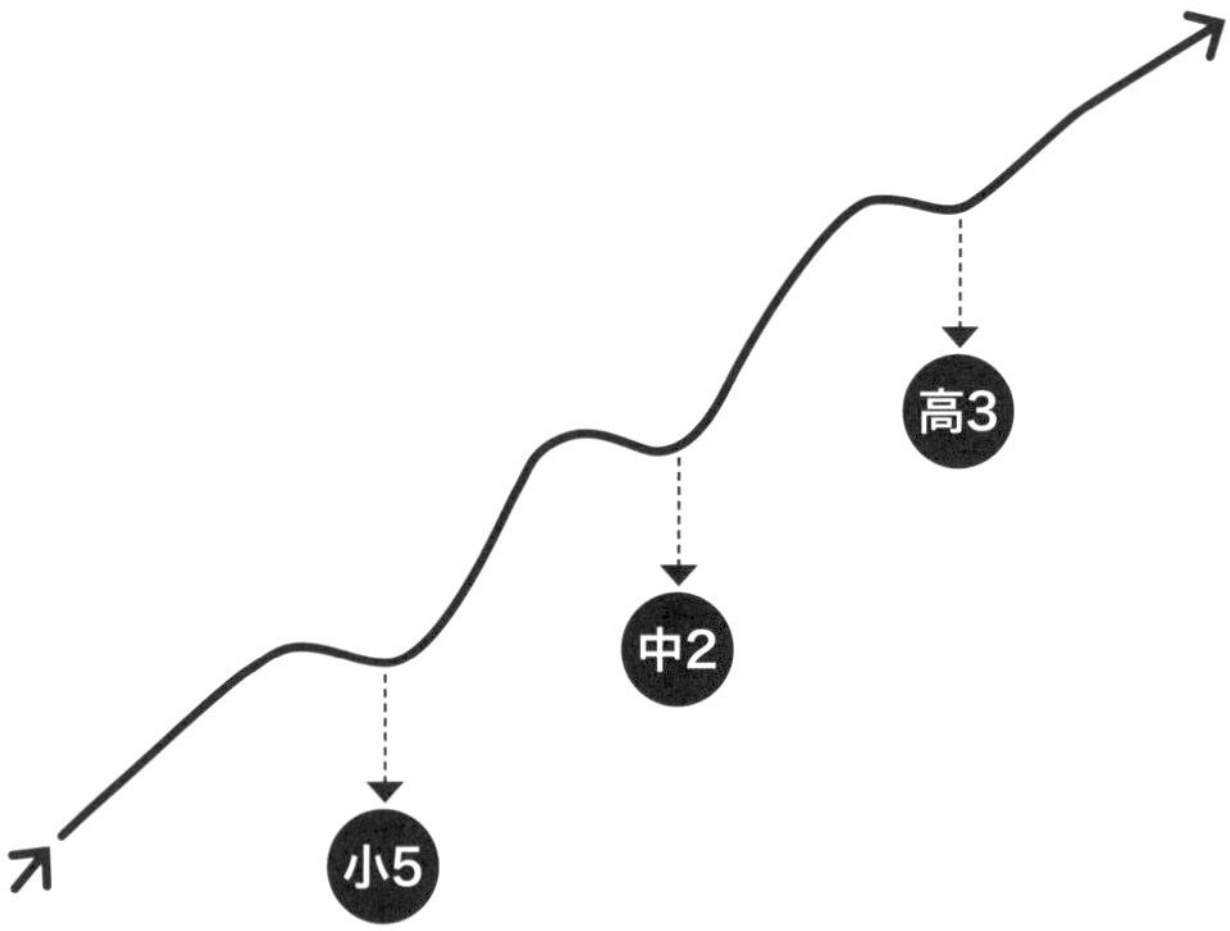


子供の成長「エアポケット」説

※詳しくは197ページへ

## 第一部

# 子供の成長を「物語」としてみる

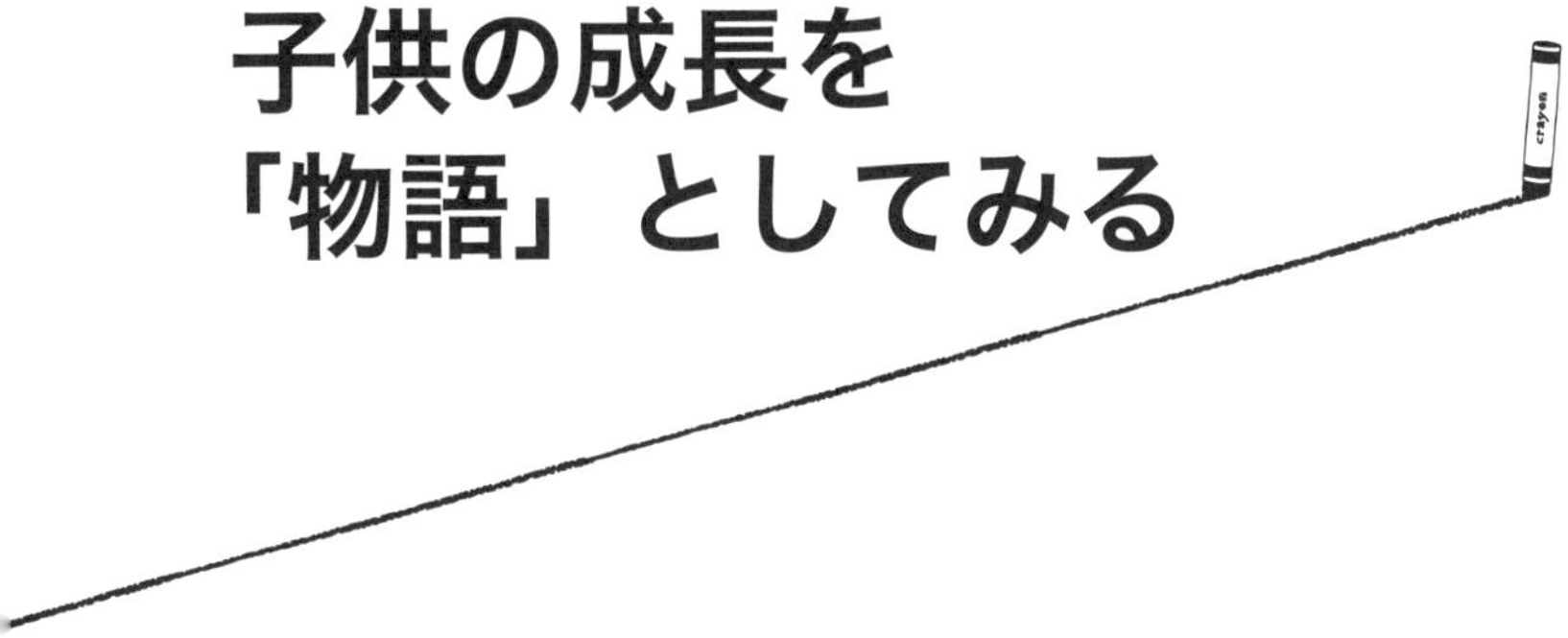

母ほど自分を認め、信じてくれた存在はいない。
母なくしては、決して発明家としてやっていけなかった気がする。

——トーマス・エジソン

両親がひたむきに生きる姿自体が、
どんな幼い子にも素晴らしい影響を与えるのです。

——井深大（ソニー創業者）

# 第一章　はじめての一年の過ごし方

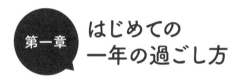

# Lesson 1　赤ちゃんの最初の一年

誕生したばかりの赤ちゃんを想像してみましょう。

赤ちゃんは、「原始反射」という独特の反応を携えて生まれてきます。

たとえば大人が、赤ちゃんの手のひらを指で触ると、ギュッと握り返してきてくれます。

しかし、これは赤ちゃんが意識的に握手をしているのではなく、「手のひらに触れたら握る」という無意識の反応＝原始反射なのです。

本章ではまず誰もが通る、赤ちゃんの身体発達をウォッチしていきましょう。

赤ちゃんの最初の一年で何が起こっているのか？

これをイメージできることは、その後の子育てにもとても役立ちます。

【0か月～3か月】「眠るのが仕事」

新生児の1日の平均総睡眠時間は17時間前後です。赤ちゃんは眠るのが仕事です。1日の中で眠りと覚醒が何度も繰り返されますが、起きている間に受け取った情報を睡眠の世界に持ち込んで処理しているのです。

視力は0．02程度で、18～30㎝の距離のものしか見えないと言われますが、おそらく赤ちゃんはたくさんのものが見えすぎて、この世を映し出すために、いわゆる可視光線の範囲でのチャンネル探しを行っているのです。赤ちゃんはこの世に適応するためのチューニングを開始していかなくてはなりません。生まれた環境に対し、上手に適応していくために、どんどんカラダや感覚、脳を発達させていくのです。

この頃の赤ちゃんを抱きかかえて両足で立たせようとすると、足を右左交互に出して歩くような動きをします。これは「原始反射」のひとつ。原始歩行と呼ばれるものです。もうひとつ、赤ちゃんをうつ伏せにすると手足が曲がり、仰向けにすると手足が伸びて背中が反るという反射があります。なぜこのような反射が起こるのかわかっていませんが、きっと誰もが通る大切な儀式のようなもの。ちなみにうつ伏せ時の反射は3か月程度で消失します。

【4か月～6か月】「首がすわる」

眠っている時と目覚めている時間がはっきり分かれ、昼夜の区別がつき始めます。生活のリズムが一定になり始めるのです。胃の入り口がしっかりするので飲んだお乳があふれてくることが減ってきます。味覚が芽生え、味の違いがわかり始めます。まばたきができ、瞳の色が変わり、「あ！ 見つけた」という表情が出始めます。

そして、5か月目には首がすわるようになります。腰がすわる、腹がすわる、と同じように、赤ちゃんにとって大切なターニングポイントです。

さらには目と手の協調反応が始まり、見たものに手を伸ばすようになり、身近な人の顔がわかり、あやされると声を出してはしゃぎます。赤ちゃんはこの時期、ものを見て触るという動作の基礎をつくっていくのです。

この時期の原始反射ですが、仰向けに寝ている赤ちゃんの顔を横に向けると、顔が向いた方の手足は伸びて反対側の手足は曲がるという反射があります。これはだいたい生後6か月頃までには消失します。

【6か月～7か月】「寝返りを打つ」

赤ちゃんの周りで急に音を立てると、両腕を伸ばして抱きしめるような恰好をする反射を「モロー反射」と言います。これは驚きを感じた時の防衛反応です。

この反射も含め、各原始反射に対しては、大脳皮質による制御が進んで、ほとんどがこの時期に消えていってしまいます。

この頃の赤ちゃんの睡眠脳波は整い、朝の光をあびることで朝を感じることができるようになります。昼間の目覚め時間は10時間くらいです。脳の左右の機能が同じくらいになり、左右の手によるものの持ち換えができるようになります。

また腹這いになって、手のひらで上半身を支えられるようになり、左右どちらへも寝返りが打てるようになります。5本の指を全部開けられるようになり、手足がカラダの中心線を越えて、反対側まで届くようになります。

この時期は、母体免疫が切れてしまい、感染症に罹りやすくなる頃です。

※離乳食の始まり：目安としては、授乳のリズムが3時間半～4時間になっているか、体重が7kg前後になっているか、支え座りができているかの3点です。

【8か月～9か月】「一人座りができる」

乳歯が生え始めると同時に、母体免疫から自己免疫への切り換えが完了します。

這い這いが左右対称の動きになります。8か月後半から、つかまり座り、一人座りができるようになり、座った姿勢で両手が自由に使えるようになります。

俗に「8か月不安」と言われる行動が出てきて、大人の後追いをしたり、夜泣きが見られるようになります。そして、叱られたことがわかり始めます。感染症に罹患し、発熱などの症状が出やすい時期です。

※突発疹《とっぱつしん》：高い熱が3～4日続き、熱が下がると同時に、おなかや背中に赤い発疹が出る病気です。熱は3～4日続いた後、すーっと平熱か37度台くらいに下がります。それと同時に、おなかや背中を中心に不規則な赤い発疹が出て、半日くらいで全身に広がります。2～3日は発疹も目立って気になりますが、だんだん薄くなって消えていきます。はじめての発熱がこの病気というケースも多く、第一子の場合は、親は相当にハラハラさせられるかもしれません。母子免疫が落ち、離乳食で新しい消化パターンが必要な時に、カラダを浄化させ、機能性をあげるプロセスとも考えられます。

【10か月〜12か月】「はじめて立つ」

つかまって立ったりしゃがんだりが活発になり、床から直接立ち上がります。体重は生まれた時の3倍になり9kg前後となっています。目覚めている1回の時間は3時間を超え、食事と食事の間も4時間前後になり、排便も規則的になってきます。

笛やラッパを吹いて音を出します。器の中に入っているものを次々と出したり、真似て入れようとします。

鉛筆や水性ペンなどを持ってなぐり描きを始めます。他の子供が持っているものに手を出したり、相手にものを渡したりもします。相手から「チョウダイ」と求められるとものを渡そうとしたり、もの（積み木など）をパンパンと打ち合わせたり、積んだりすることを試みようとします。そして、こういったことをほめてもらうと子供は喜んで繰り返します。

ほめてもらうことをちゃんとしてもらうと、「8カ月不安」がなくなっていきます。この時期の赤ちゃんは、鏡の中の自分を覗き込み、「自分を発見」して、他者と区別する力を芽生えさせてきます。同じ時期に、自分の名前が呼ばれるとわかるようになります。

また、とても大切な観点として指の使い方にも発達が見られます。人さし指を立てる動きができるようになり、より正確に指でさし示すようになります。そして、親指と人さし指が自由に動かせるようになり、親指と人さし指を使ってものをつかむ「はさみにぎり」が見られ、次第に小さなものを指でつまめるようになってきます。

1歳以降は、両手を強調させて動かしたり、手首をひねるなどの複雑な動きができるようになります。ビンのふたを開けるなどの作業ができるようにもなります。

# 第二章
# 「季節生まれ」で読み解く子供のカラダの記憶

## Lesson 2　生まれた季節の影響

たとえば2人の子供がいる家庭で、

上の子は夏生まれ、

下の子は冬生まれ、

だとします。育てる環境を振り返って見た時、上の子が生後6か月を迎えた時は、季節は真冬。そのため、できるだけ風邪をひかせないように重ね着をさせ、あまり外出もしなかったでしょう。

逆に、下の子が生後6か月を迎えた時は真夏です。海辺に出かけ、ベランダの子供用プールで遊び、夏中はほとんど上半身裸で過ごしたかもしれません。同じ家庭に育ったとしても、どの季節に生まれて、その子が生後3か月、6か月、9か月にそれぞれどんな季節に遭遇し、最初の一年をどのような季節の順番で過ごすかで、のちの世界観は大きく変わってくるでしょう。

生まれてきた季節や気候などをもとにして成り立っているとしたら、いわゆる「占い」が個人の性格や体質を言い当てるのも、なるほど、とうなずけます。

日本は古来から、季節の移り変わりが人々の生活に大きく影響してきた国です。かの清少納言も、春は、あけぼの。夏は、夜。秋は、夕暮。冬は、つとめて　と、それぞれの季節の美しい情景を、暮らしの一風景と織り交ぜて表現しています。

本章では、季節生まれをもとに、その赤ちゃんの季節特有のパーソナリティを探っていきましょう。季節生まれには、「旧暦」を用います。

2月4日〜4月16日 ☞ 春生まれ
4月17日〜5月4日 ☞ 春土用生まれ
5月5日〜7月18日 ☞ 夏生まれ
7月19日〜8月6日 ☞ 夏土用生まれ
8月7日〜10月19日 ☞ 秋生まれ
10月20日〜11月6日 ☞ 秋土用生まれ
11月7日〜1月16日 ☞ 冬生まれ
1月17日〜2月3日 ☞ 冬土用生まれ

注1）「土用生まれ」は、春夏秋冬の各季節の間をつなぐ特殊な期間です。春土用、夏土用、秋土用、冬土用の4つがあります。

注2）年によって、春分、秋分、土用入りなどが1～2日前後することがあります。2月4日や4月16日など誕生日が境目にある方は一度、ご自身の生まれ年で確認してみてください。

それぞれの季節生まれの特徴を一言で上げるとこうです。

◎春生まれ：肝臓型　チャレンジタイプ、処理能力・理解力が高い
◎夏生まれ：心臓型　リーダーシップタイプ、行動的で表現力がある
◎土用生まれ：脾臓《ひぞう》型　調整のバランスタイプ、現実主義で実行的
◎秋生まれ：肺型　カリスマタイプ、情報収集力・分析力が高い
◎冬生まれ：腎臓型　長期展望タイプ、平和的だが、こだわりが強い

東洋哲学には、五元素（木、火、土、金、水）という考えがあり、季節も臓器も、五行に当てはめて考えます。季節生まれのパーソナリティ分析では、次ページの表をもとに各季節生まれの特徴を詳しく見ていきましょう。

| | | | | | |
|---|---|---|---|---|---|
| 五行 | 木 | 火 | 土 | 金 | 水 |
| 五季 | 春 | 夏 | 土用 | 秋 | 冬 |
| 五臓 | 肝 | 心 | 脾 | 肺 | 腎 |
| 五腑 | 胆 | 小腸 | 胃 | 大腸 | 膀胱 |
| 五主 | 筋・腱 | 血脈 | 肌肉 | 皮膚 | 骨 |
| 五根 | 目 | 舌 | 唇 | 鼻 | 耳 |
| 五支 | 爪 | 体毛 | 乳 | 息 | 髪 |
| 五労 | 歩く | 見る | 座る | 寝る | 立つ |
| 五志 | 憤怒 | 笑喜 | 思悩 | 憂悲 | 恐驚 |
| 五病 | 筋炎 | 眼疲労 | 筋肉痛 | 皮膚病 | 関節痛 |
| 五香 | 生臭い | 焦臭い | 香臭 | 魚生臭 | 腐敗臭 |
| 五液 | 泣 | 汗 | 涎 | 涕 | 唾 |
| 五役 | 色 | 臭 | 味 | 声 | 液 |
| 五声 | 苦痛 | 喋る | 歌う | 泣く | 唸る |
| 五悪 | 風 | 暑熱 | 湿気 | 乾燥 | 寒冷 |

## Lesson 3 「春生まれ」の特徴

2月4日〜4月16日生まれの特徴
季節の五大元素は「木」
肝臓型
チャレンジタイプ、処理能力・理解力が高い

旧暦では2月4日〜4月16日が春。

立春と言いますが、2月4日といえば、雪も残る1年でもっとも寒いくらいの日です。でも、この日が寒さの「底」とも言えます。ここから反転し、だんだん暖かくなっていくんだよ、という様子を「春が立つ」=立春と呼ぶのです。

気温はその日の天候によって、もちろん上下はしますが、この季節に生まれた赤ちゃんは、基本的に、一番寒いところからだんだん暖かくなるという方向=気温上昇の中で育ちます。確実に「暖かくなる」という信頼が、カラダに刻まれるのです。

お母さんも、ほかの家族も、だんだん陽気になる季節の到来で、気持ちも緩んだ状態であなたを見守るでしょう。

ただ、2月4日〜4月16日で一番トピックになるのは、花粉症の季節だ、ということでしょう。現代人特有の春の過ごし方となってしまいましたが、しかし、世情の花粉症モードは無視できない影響をあなたに与えます。アレルギー……かゆくて、くしゃみが止まらないという、そわそわした空気感が、春生まれのカラダには、どことなく浸透するのです。

そしてまた実際、3月〜4月は、卒業・終業式↓入学・入社・新学期という年度バトンタッチであわただしい時期です。会社も3月末決算で棚卸、新年度で人事変更など毎年、忙しい時期です。

古いものにお別れ、新しい季節にこんにちわ。

別れと出逢いが交錯する独特の空気に、春生まれの赤ちゃんは、少し人恋しさであるとか、人間関係の変化を感じやすい性格が形成されやすいかもしれません。

寒さの底からだんだん暖かくなる中、誕生した春生まれの赤ちゃんは、

●徐々に暖かくなる空気が、この世の中へのファーストインプレッションです。

●寒さが緩んで行く中、新しい季節への期待と信頼＝このカラダの記憶が生涯にわたり、影響します。

●花粉が飛び、花粉症の話題が多いです。

●一年の予算の締めくくり決算期です。棚卸など一年の在庫の確認。いるものいらないものの仕分けと処分が行われる時期です。

●新年度前後をはさみ、職場では人事異動、学校ではクラス替えや席替えなど、出勤先や学校で、慌ただしい雰囲気になります。

●生まれて3か月後には夏への気配、半年後には秋への気配、9か月後には冬への気配を感じながら、生まれてはじめての1年を過ごします。

このような空気感や季節感が、この時季に生まれた子供のカラダにどんな特徴をつくるのでしょうか。

基本的に、春生まれは

●肝臓

●胆嚢

●筋膜、腱

●目

●爪

の臓器・器官に特質が現れます。これらの器官は、思考力、決定力、行動力、理解力を強めてくれます。

●肝臓は、解毒をします＝分解力

●胆嚢は、大胆さを与えます＝決定力

●筋膜や腱は、行動を起こします＝行動力

●目は、情報を選択します＝選択力

●爪は、能ある鷹は爪を隠すのとおり＝才能春生まれの人が、これらの器官に問題が出る場合、たとえば、肝炎、胆石、胆嚢炎、筋肉痛、すじの張り、こむらがえり、筋肉や瞼のぴくぴく、目の充血、急な視力低下、二枚爪や爪がすぐ割れるなどが生じたら（ほかにも味がわからなくなるなども）、根本的な生活習慣改善が必要と考えます。

雪解けし、春を迎えるにつれて空気中には、花粉や微生物、新しい季節の到来を伝えるさまざまな情報が溶け込むようになります。カラダも3月末に向け、1年に1回の総決算期を迎えます。会社が3月末決算（年度末決算）で棚卸《たなおろし》をするように、カラダも、この1年の棚卸をするのです。

たとえば、【呼吸の出入り】について帳尻が合っていなければ、それは花粉症になります。呼吸の浅い人は、吐くよりも、吸う方の息が優位になっています。1年を通してそうした呼吸をしてきているので、どこかで出し入れの帳尻を合わせなければなりません。くしゃみを連続的にするという時点で、呼吸を吐き出していますよね。入れるよりも出す。この時期、強制的にそれをすることで、吸う方が優位だった1年の呼吸の帳尻を合わせているのです。

春生まれの日常の大切な習慣は、「歩く」ことです。

歩くのが億劫になったり、太もも、ふくらはぎ、足の裏に違和感を感じて歩くことに支障が出るような場合は、しっかり時間をとってカラダをケアしてあげる必要があります。

歩くことで、私たちは動く物＝動物であることに気づくことができます。それが行動を生みます。春生まれの子供は、行動によって、思考を深めることのできる人です。

また、肝臓の解毒力は、「相手を理解する力」によって促進されます。毒をも理解する力が解毒力。問題に目を背けることなく、向き合う……。

相手を観察し、よく知ることが、肝臓の本当の力です。春生まれが本領を発揮すると、Problem is Solution（問題の中にこそ、解決策を見つける）ことができます。創意と工夫をもって、課題を乗り越えていくことができるのです。

・鋭い観察力

・適正な理解力は、

・受け入れ力を生み、それは

・適正なカラダの出入りの帳尻合わせを促します。

・バランスのとれたカラダと思考は、
・優れた問題解決能力を生じさせます。
・よく歩くことでそれらの力を導き出します。

これが春生まれの子供のパーソナリティ……、

もちろん、全員が全員この通りにはいかないでしょうが、季節が授けてくれたカラダの能力を活かせるかどうかは、親の意識次第。春生まれの子には、ていねいに「歩くこと」をふだんから意識させましょう。

# Lesson 4「夏生まれ」の特徴

5月5日〜7月18日生まれの特徴
季節の五大元素は「火」
心臓型
リーダーシップタイプ、行動的で表現力がある

旧暦では5月5日〜7月18日が夏。GW明けから、海開きに至るこの季節、陽光は、だんだん強さを増しますが、旧暦の「夏」はギラギラ照りつけるといった感じはまだなく、じわじわと汗ばみ、着るものもだんだん夏服に切り替わっていくという時期です。

お母さんにとって、この時期の出産が一年でもっとも楽だと言いますが、たしかに、冬の寒さで身をくるむ必要もなく、「真夏でじっとり」というわけでもなく、他の季節よりはゆるりとした気分であなたを生み、見守り育てることができるでしょう。

5月5日～7月18日は、花粉症もすぎ去り、台風もなく、基本的にいい季節ですが、ただ、梅雨《つゆ》があります。じめじめとしていて、カビなどが繁殖しやすく、その意味で不衛生になってしまうこともあります。また雨で、なかなか外出しにくいかもしれません。

でも、農家にとっては恵みの雨の季節です。自然にとっても、この時期の雨は、生い茂る草木、花、虫たちの成長に必須です。

「のびのび成長」……それが、この時期に生まれた赤ちゃんのキーワード。

6月21日か22日は、毎年「夏至」です。夏至の日は、もっとも日が長いので、したがって日照量が一番多い日です。でも、そこから1か月半くらい経った頃に、もっとも暑い日を迎えます。それが立秋です。

日照量の一番多い夏至の日が、もっとも暑いとは限らない。すぐには実現しない……。これは私たちの思いの現実化と同じです。何事にもタイムラグがつきものということです。でも、そのタイムラグがあるからこそ、夢の準備や、コミット（決意）までの準備ができます。

夏は、日照量と同じく、気分だけは最高に盛り上がるのです。日差しが増す一方、梅雨で晴れ間の少ないこの季節に生まれた赤ちゃんは、

●陽光と雨雲のコントラストが、この世の中へのファーストインプレッションです。
●もっとも日が長い夏至＝気分のもっとも熱くなる日を含み、その気分が本物かどうか、コミット（覚悟）を試されるというのが、生涯にわたり影響します。
●5月病と言われるように、新学期スタートからちょうど1か月。だんだん緊張がゆるんで、憂うつな気分になる人もいます。
●GW連休明けから7月18日までは、学校や職場において、もっとも休日の少ない期間です。ウィークデーの雰囲気がもっとも色濃く生じる時期です。
●生まれて3か月後には秋への気配、半年後には冬への気配、9か月後には春への気配を感じながら、生まれてはじめての1年を過ごします。

このような空気感や季節感が、この時期に生まれた子供のカラダにどんな特徴をつくるのでしょうか。

基本的に、夏生まれは

●心臓
●小腸
●血管、門脈
●舌
●体温調節（皮膚の立毛筋《りつもうきん》、発汗）の臓器・器官に特質が現れます。

これらの器官は、リーダーシップと情報吸収力、集金力、予算配分力を強めてくれます。

●心臓は、カラダの中心器官です＝リーダーシップ
●心臓は、血液をいったん自分に集めます＝集金力
●小腸で栄養の80％を吸収しています＝情報吸収力
●血管は、全身の血液循環を促します＝予算配分力
●舌は、言葉をつかさどります＝発言力
●舌は、味をつかさどります＝味わい深い包容力
●体温調節機能は、調整力

夏生まれの人が、これらの器官に問題が出た場合、たとえば、心筋梗塞、狭心症、不整脈、心室細動、弁膜症、動悸、あがり症、緊張症、注目恐怖、消化不良、不安からくる食べすぎ、低血圧、貧血、冷え症、ほてり、味覚障害、言葉がもつれるなどが生じたら、根本的な生活習慣改善が必要と考えます。

春先から、梅雨、そして夏本番へ。肌寒い日はあっても基本的に季節は暑くなる方を向いており、着るものは薄くなっていきます。緑は生い茂り、虫がはずんで蝶が舞い、夏の空気は濃密に「命のビート」を含みます。

赤ちゃんを育てる母親も、冬と比べれば、リラックスしているかもしれません。ただ、赤ちゃんのお肌が「あせも」にならないように、カラダの通気性に気を使うでしょう。また、体温調節に関しては、エアコンなどがある分、現代生活では逆に難しいかもです。草木が生い茂るように、この時期は赤ちゃんのカラダも伸び盛りです。それは心臓の心拍数と毛細血管の面積に端的に現れます。心臓がぐいとその器を上げれば、心拍数も上がります。心拍数が上がると、末端の毛細血管拡張力が上がります。末梢の毛細血管は日々、その姿を変えていると言います。運動することで、毛細血管は増やすこともできるのです。

夏生まれの赤ちゃんは、生まれたばかりのその夏には歩くことはできませんが、翌年の生まれた頃にちょうど立って歩き始めます。歩き始めが「夏」というのも、夏生まれの心身の特徴を決定づけます。

夏生まれの特徴は「よく見る」ことです。

1年後の夏に歩き始める赤ちゃんにとって、他の季節と比較して行動範囲は広いはずです。立ち上がって視点が広がる時期が「夏」なのは、「見る」ということに大きな影響を与えます。また夏なので、両親の外出機会に合わせて、おうちの中以外のものを見て、観察するチャンスも多いかもしれません。

夏生まれの人が、急に視力低下したり、目に圧迫感を感じたり、眼精疲労がひどい時は、しっかり時間をとってカラダをケアしてあげる必要があります。また何かを凝視してしまうが多い時は、心臓にストレスが溜まっている時だと言います。（TVやパソコンなど狭い枠組みを凝視することも心臓に負担を与えてしまいます）

夏生まれの人は、動体視力（動きを追いかける力）を鍛えることで、カラダの動きや血液循環、発汗などの体温調節機能も高めることができるでしょう。

夏生まれが本領を発揮すると、全体を見通し（俯瞰《ふかん》力）、人間関係やお金などのその場全体の流れを見極めることができます。リーダーシップを持ち、チームを導く羅針盤になれるのです。夏生まれが季節の特徴を上手に活かせると、

・リーダーシップ
・情報収集力
・予算配分力
・発言力
・包容力、調整力を生じさせます。

まさに「親分肌」ですね。そしてそれは、

・よく見ること（何事もよく観察する力）によって導き出されます。

これが夏生まれの子供のパーソナリティ……、

もちろん、全員が全員この通りにはいかないでしょうが、季節が授けてくれたカラダの能力を活かせるかどうかは、親の意識次第。夏生まれの子には「よく観察させること」をふだんから意識しましょう。

## Lesson 5 「秋生まれ」の特徴

8月7日〜10月19日生まれの特徴
季節の五大元素は「金」
肺型
カリスマタイプ、情報収集力・分析力が高い

旧暦では8月7日〜10月19日が秋。

8月7日といえば、夏真っ盛りですよね。1年で一番暑い時です。この日が暑さの「頂点」と言えます。ここから反転し、だんだん涼しくなっていく、それを立秋と呼び、秋の始まりとなります。

気温はその日の天候によって、もちろん上下はしますが、この季節に生まれた赤ちゃんは、基本的に、一番暑いところからだんだん涼しくなっていくという方向=気温下降の中で育ちます。

夏に生い茂った草木や花が次第に枯れ始め、虫たちがだんだん少なくなっていく、夕焼けにトンボや鈴虫の音といった雰囲気の中です。お母さんも、ほかの家族も、朝夕が涼しくなる季節の到来で、夏の緩んだ状態から少し引き締まった気分であなたを見守るでしょう。

8月7日〜10月19日はまた、台風到来の季節です。気象庁ホームページによれば、「8月は発生数では年間で一番多い月ですが、台風を流す上空の風がまだ弱いために台風は不安定な経路をとることが多く、9月以降になると南海上から放物線を描くように日本付近を通るようになります。この時、秋雨前線の活動を活発にして大雨を降らせることがあります」とのこと。

いずれにせよ、大気が不安定になりやすい。例年2月から3月の半ば、立春から春分の間に、その年にはじめて吹く南寄りの強い風を春風一番と言いますが、同じように、秋も大きな風の後に、急に寒くなるような日もあり、気温の変化が急です。女心と秋の空と言われたくらいに気候の変わりやすい季節です。「移ろいとバランス感覚」……それが、この時期に生まれた子供のキーワード。

9月22日か23日は、毎年「秋分」です。昼と夜の長さが同じになりますが、このような日は、年に2回あります。春分と秋分ですね。

そして、春分と秋分の前後7日間は、お彼岸です。仏教用語である「彼岸」には、仏教の根本的な教えである「中道《ちゅうどう》」が表れています。昼夜が同じ時間、陰と陽とがちょうどバランスの取れている状態。

あの世（彼岸）とこの世（此岸《しがん》）のバランスもちゃんととれますようにと、お彼岸という行事が続いてきたわけなのです。

此（これ）・・・この世の認識・・・意識

彼（かれ）・・・あの世の認識・・・無意識

この時期に生まれた子供はどこかで見えない世界への畏敬の念を持っています。無意識の領域やスピリチュアルなものに、なぜか惹かれてしまう傾向にあります。

もっとも暑い夏の頂点からだんだん涼しくなるベクトルの中、誕生した赤ちゃんは、

●世の中を謳歌したもの、最盛期のものが、だんだん終わりを告げてゆく空気が、この世の中へのファーストインプレッションです。
●そのため、目に見えるものへの不確かさを感じ、決して壊れさらないもの=精神世界への関心が生涯にわたり、影響します。
●「大気が不安定」・・・この時期によく聞くフレーズですが、このフレーズがどことなく人生や人間関係の不安定さにもつながってしまうことがあります。
●そのため、一人で過ごす方が好きな人が多いです。
●読書の秋、食欲の秋と言われるように、知識や食欲を溜め込んでいく傾向があります。知的欲求旺盛な人かグルメか、あるいは両方の性質が生じます。
●生まれて3か月後には冬への気配半年後には春への気配、9か月後には夏への気配を感じながら、生まれてはじめての1年を過ごします。

このような空気感や季節感が、この時期に生まれた子供のカラダにどんな特徴をつくるのでしょうか。

基本的に、秋生まれは

●肺

●大腸

●皮膚

●鼻

●呼吸の力の臓器・器官、働きに特質が現れます。

これらの器官は、情報収集力、情報分析力、コミュニケーション能力、芸術的センスやファッションセンス、ものづくりの技能、見えないものを形にしていく力、人とのちょうどいい距離感を見極める力、そして直観力、を強めてくれます。

●肺は吐いて吸ってを繰り返します＝大気との情報交換

●肺の中の気管支は分岐します＝空気を分析している

●大腸は最初は粥状の便を固形化します＝形にする力

●皮膚は、境界線をつくります＝他人とのバウンダリー

●鼻の奥には、第3の目と呼ばれる直感的な力が備わっています

秋生まれの人が、これらの器官に問題が出た場合、たとえば、しつこい咳が続く、肺炎を何度も起こす、下痢か便秘が習慣化している、潰瘍性大腸炎、過敏性大腸炎、皮膚のできもの、湿疹、アトピー性皮膚炎ほか、皮膚疾患、慢性鼻炎、蓄膿症、呼吸不全、過換気症候群などが生じたら、根本的な生活習慣改善が必要と考えます。

真夏から、涼しくなっていく過程。時折、大気は不安定になり、急激に冷え込むこともあります。8月中はまだしも、9月に入ると、「何を着ていいかわからない」と毎年、多くの人が思います。日によって、温度や湿度が違ったり、気候的にも毎日に個性があります。毎日に個性があるという意味では、8月は、夏休み・お盆があり、田舎に帰ったり、旅行に行ったりして特別な行事な日々がありますよね。9月に入れば、2学期の始業式。会社も、人事配置替えや転勤などを行うところもあるでしょう。

赤ちゃんを育てる母親も、「毎日の個別対応」に忙しいかもしれません。気温が不安定（夏場はエアコンもあるので）赤ちゃんへのケアはけっこう手間がかかります。こうした個別（個人的に特別）に対応される、という記憶は、赤ちゃんの「自分特別感」を育みます。いい意味でも、悪い意味でも、「私は特別」と、秋生まれの人はどこかで、思っています。

そして、それは、肺が持っている空気分析力と連動していきます。大気が不安定な季節だけに、この時期にファーストインプレッションを受けた赤ちゃんは、空気の微妙な変化に敏感になります。それは成長していく過程では、人と人がつくるその場の空気を読むことにも転化されて、その能力に長けていきます。どんな空気で、どんな状況なのか。それに対し、自分はどう振る舞えばいいのかなど、他人との距離を取るのは上手になるでしょう。その分、自分も一人になる時間や空間が必要です。

秋生まれの赤ちゃんは、呼吸器系が身体的にも心理的にも発達します。空気に対する感度が高くなるのです。呼吸器系の入り口である鼻は、天然の空気清浄機として働きを持ちますが、「鼻が利く」、「真実を嗅ぎ分ける」のように、直感的な能力を指すこともあります。

秋生まれの人の中には、自分の直感力の鋭さから目に見えない世界への憧憬を深め、スピリチュアリティや一種のカリスマを身に付ける人もいます。あるいは現実的に情報分析能力を活かし、実務的な能力（経理や情報分析コンサルタント）などに強みを発揮する人もいるでしょう。

そんな秋生まれの大切なポイントは「寝る」ことです。

これはたくさん寝ればよいというわけではなく、深くて質のいい睡眠です。自分なりの黄金睡眠パターンを持つ、と言ってもいいでしょう。秋生まれの人にとって、体調が崩れる時は、必ず、まず睡眠不足があります。

逆に寝すぎや、かためて寝るようなことも、生活リズムと体調のリズムも崩すでしょう。とにかく質のいい睡眠が大きな武器なのです。

夏の、派手で自由な雰囲気から、草木は枯れ、次第にうら寂しくなっていく季節を、最初のファーストインプレッションで感じてしまった秋生まれにとって、目に見える世界は、少なからず虚しいものに映ってしまうのです。バブル崩壊後の日本のような、壊れゆくビル解体作業のような、形あるものは、いずれ壊れていく諸行無常……。寝てしまえば、目をつむり、そこは無意識の世界。壊れるものなどありません。無尽蔵にエネルギーに満ち溢れた精神の世界から、供給を受けるのが、秋生まれにとってのチャージの方法なのです。眠るとは、無意識の世界からのサポートを受けることなのです。秋生まれの人は無自覚のうちにそれを知っています。なので、寝不足になると、糸の切れた凧のように生活もカラダも不安定になります。だから、秋生まれの人は、睡眠不足が続いたり、あるいは不眠状態になった時にはしっかり時間をとってカラダをケアしてあげる必要があります。またいくら寝てもすっきりしないようなことが多い時は、肺にストレスが溜まっている時だと言えます。起きている間に、鼻から吸って口から吐く、大きい呼吸を生活習慣に取り入れましょう。

秋生まれの子供は、質のいい睡眠力および、意識的な呼吸によって、カラダの代謝機能をあげ、うるおいのある皮膚をつくり、腸の蠕動《ぜんどう》運動を快適に維持することができるでしょう。秋生まれが本領を発揮すると、目に見えない何か（直感能力・運気など）を味方に付け、ある種のカリスマ性を帯びることになるかもしれません。

また逆に、空気を読み、その場が非常にスムーズに機能するように自分を黒子化させ、縁の下の力持ち的な存在になるでしょう。情報を先取りし、流行を創り出す力も備わっています。

秋生まれが季節の特徴を上手に活かせると、

●情報分析能力
●表現力、芸術性
●独自のセンス（ファッションや言葉など）
●目に見えないものを味方にする力
●運気を引き寄せる力（出逢い力など）を生じさせます。
一言でいうと独自の「カリスマ性」です。誰でも仲良くできるわけはないですが、共鳴する人は引き寄せられます。そしてそれは、
●質のいい睡眠力
によって導き出されます。

これが秋生まれの子供のパーソナリティ……、
もちろん、全員が全員この通りにはいかないでしょうが、季節が授けてくれたカラダの能力を活かせるかどうかは、親の意識次第。秋生まれの子供には「睡眠」と「呼吸」にふだんから意識を向けさせましょう。

# Lesson 6 「冬生まれ」の特徴

11月7日〜1月16日生まれ
季節の五大元素は「水」
腎臓型
長期展望タイプ、平和的だが、こだわりが強い

11月に入ると気温は不安定になり、だんだん朝が冷えてきます。晴れた日と曇った日の気温の差が激しく上下しつつ、真冬に向かって寒くなる季節。そんな季節に生まれた赤ちゃんを想像しましょう。風邪をひかないように、暖かくくるまれていたことでしょう。周りに風邪をひいた兄弟や大人たちもいたかもしれませんが、お母さんは生まれたばかりの赤ちゃんを大事に外気や他人の風邪から守るようにあなたを育てます。

街はクリスマス気分からお正月気分に至るこの時期、冷たい空気でだんだん息が白くなります。そろそろマフラーが必要です。

年末は、クリスマスで聖夜（キリスト教）をお祝いしたかと思うと、除夜の鐘（仏教）でお寺参り、翌元旦には初詣（神社、神道）でかんながらを尊ぶ……日本独特の混合文化……ポリシーもへったくれもない、と毎年、年配の方のうち、誰かがつぶやきます。

1月7日までが松の内。1月15日は「女正月」と言われて、年末年始正月に忙しく働いた主婦をねぎらうための小正月です。

1月中旬ちょうど16日頃にはお正月気分も一段落です。

冬の寒さ、凛とした空気の中、誕生した赤ちゃんは、

●ぴりっとした緊張感のある空気がこの世の中へのファーストインプレッション。
●冷たい空気から親に守られる＝このカラダの記憶が生涯にわたり、影響します。
●日によって気温の差が激しく、また1日のうちでも日中と夜で温度差があります。
●温度差というものに敏感になります。
●年末年始をはさみ、親戚や近所づきあいが重なります。家の中は、慌ただしい雰囲気です。

●生まれて3か月後には春への気配、半年後には夏への気配、9か月後には秋への気配を感じながら、生まれてはじめての1年を過ごします。

このような空気感や季節感が、この時期に生まれた子供のカラダにどんな特徴をつくるのでしょうか。

基本的に、冬生まれは

●腎臓
●膀胱
●背骨
●耳
●髪の毛

に「寒冷刺激」が入り、これらの臓器・器官に特質が現れます。これらの器官は、我慢強さ、スタミナ、継続力を与えてくれます。

●腎臓は、血液の浄化をします＝浄化力
●膀胱は、体温の調節をします＝体温力

●背骨は、姿勢をつくります＝前向き力
●耳は、人の話を聞くことを促進します＝傾聴力
●髪は、カラダに溜まった金属毒を排泄します＝デトックス力

冬生まれの人が、これらの器官に問題が出た場合、たとえば、腎炎、尿管結石、膀胱炎、腰痛、背中の痛み、耳鳴り、難聴、中耳炎、急激な白髪、抜け毛、などが生じたら（ほかにも関節痛や唾が出ないなども）、根本的な生活習慣改善が必要と考えます。

腎臓の浄化力は、「捨てる力」によって、促進されます。年末の大掃除や、年始15日までに昨年の御札やお守りを神社に奉納する風習も、新しい年を身軽に始められるようにするためです。ものを溜め込まず、捨てるものをちゃんと捨てれば、残ったものは、本当に自分にとって大切なもの、ということになります。

冬生まれは、本来、自分にとって一番大切なものの優先順位をつけることができる人です。そして「シンプルな生活」が似合います。生活空間も整理整頓されていることが元気の秘訣です。

冬生まれの特徴は、「まっすぐ姿勢よく立つ」ことです。

まっすぐ立っていられない時、すぐ座ってしまいたくなるようなことが多くなったな、と思ったら、しっかり時間をとってカラダをケアしてあげる必要があります。

まっすぐ立つと、座っている時より、横になっている時より「視野がひろがり」ますが、それが表すように、冬生まれは、広い視野をもって、長期的展望を持てる人です。人生設計、生活設計がうまいです。

体力配分、お金の計画も上手にできるようになり、うまく休息がとれ、何ごとにも継続力が生じます。

成功者とは、最後まであきらめなかった人、とよく言われますが、冬生まれが本領を発揮すると、粘り強さをもって、自分のこだわりとポリシーに従った成功をおさめることができます。

・浄化力
・捨てる力
・優先順位をつけ、

・シンプルな生活、
・整理整頓が行き届き、
・長期展望が持てる
・視野が広く、
・ものごとを最後まであきらめない
・体力、スタミナ、継続力そして、
・しっかり立つことがそれらの力を導き出します。

これが冬生まれの子供のパーソナリティ……、
もちろん、全員が全員この通りにはいかないでしょうが、季節が授けてくれたカラダの能力を活かせるかどうかは、親の意識次第。
冬生まれの子供は、「まっすぐ立つこと」「捨てること」をふだんから意識づけするようにしましょう。

# Lesson 7 「土用生まれ」の特徴

1月17日〜2月3日
4月17日〜5月4日
7月19日〜8月6日
10月20日〜11月6日
に生まれた子供。

季節の五大元素は「土」
脾臓《ひぞう》型
調整のバランスタイプ、現実主義で実行的

土用とは、なんでしょうか？
立春を基準に、暦上の季節の移り変わりをおさえておきましょう。

2月4日～立春
←春（肝が主役）
4月17日～春土用入り
←土用（脾が主役／肝と心臓のつなぎ役）
5月5日～立夏
←夏（心が主役）
7月20日～夏土用入り
←土用（脾が主役／心臓と肺のつなぎ役）
8月7日～立秋
←秋（肺が主役）
10月20日～秋土用入り
←土用（脾が主役／肺と腎のつなぎ役）
11月7日～立冬
←冬（腎が主役）
1月17日～冬土用入り

←土用（脾が主役／腎と肝のつなぎ役）

2月4日～立春

春は 肝臓
夏は 心臓
秋は 肺
冬は 腎臓

東洋医学には、臓器に対応する右記のような季節配当があります。ただ、各季節は急に切り替わるのではなく、その間に約半月の調整期間があります。これを「土用」と呼んで、

春土用
夏土用
秋土用
冬土用の4回、設定しています。

期間は4つ全部合わせると、ほかの季節と同じくらいの長さになります。

各季節の間をつなぐ土用が担当する臓器は、脾臓。

脾臓は、免疫細胞のリンパ球を生み出す場所。免疫系を担当し、まさに調整役です。季節の変わり目に、風邪をひいたり、アレルギーが起こったりするのは、その前の季節での臓器間のアンバランスを補正し、是正しようとする働きなのです。


たとえば、冬土用の場合は、腎臓と肝臓の間を取り持つ免疫系の期間なのです。

春には、新しい空気、花粉、微生物がカラダに入ってきますが、肝臓の解毒力や代謝力を上げておくために肝臓に不要なものや疲労物質、ストレスなどが蓄積していると、免疫系が働いて、本格的な春到来（肝主役の季節）に備えて、浄化が起こります。その浄化現象が、インフルエンザやロタウイルス感染などによる風邪症状。

この時期の風邪は、正月以降の食べすぎ、飲みすぎ、寝不足などが響いています。でも、こうした風邪症状は、炎症や発熱を起こし肝臓に蓄積したものを燃やしてしまおうとする浄化作用とも言えます。


では各期間の様子を、ウォッチしてみましょう。

## ★冬土用：1月17日〜2月3日

お正月気分も通りすぎ、新年の新しい行事も落ち着き、日常のルーチンワークが戻ってくる頃。ちょうどこの頃に、年末年始の疲れが出て、風邪やインフルエンザにかかる人も多いかもしれません。

冬と春をつなぐ「冬土用」は、カラダが腎臓主役から肝臓主役に移行する期間です。（土用の特徴は、いずれもその調整期であるということ）

この期間に生まれた赤ちゃんは、周囲に風邪をひいた大人や兄弟がいて、いきなりウイルス感染の洗礼に見舞われるかもしれません。生まれていきなり……なんてイヤかもしれませんが、逆にそれが幸いして、生涯を通しての、強い免疫が構築できる可能性もあります。ウイルス感染と症状発症は、必ずしも一致しません。感染していても、早くに免疫が作動して、症状を最小限に、ほぼ無症状のままとどめる場合もあります。お母さんは、生まれたばかりの赤ちゃんを人込みや屋外に連れて行くことはあまりないでしょう。それゆえ少し、人との距離をとるような、パーソナルスペースを大事にするココロの傾向が強まるかもしれません。

**★春土用：4月17日～5月4日**

新年度、新学期の行事も落ち着き、日常のルーチンワークが戻ってくる頃。そう思ったら、GWが。ちょうどこの頃、マックスだった花粉症が終息していく人も多いでしょう。春と夏をつなぐ「春土用」は、カラダが肝臓主役から心臓主役に移行する期間です。

この期間に生まれた赤ちゃんは、少し落ち着いた雰囲気を持っているかもしれません。気候的にもっとも温暖でやわらかな空気の中で誕生してくるからです。また新学期の新しい出来事の渦中から、GWというオアシスが見えるので、それまでは頑張ろうという意識も世間の空気です。温和で、頑張り屋な空気が、春土用生まれの気質に影響を与えます。

**★夏土用：7月19日～8月6日**

土用の丑の日と言えば、夏。夏バテを乗り切るために、「う」のつくもの＝ウナギを食べることが習慣化されていますが、実は4つの土用の期間にそれぞれ丑の日のような日があり、たとえば冬土用では「い」のつく食べ物がいいのだとか。

夏と秋をつなぐ「夏土用」は、カラダが心臓主役から肺主役に移行する期間です。

7月19日前後といえば、地域差はありますが、学校の夏休み突入時期。この期間には、祭りや花火大会などもあり、海に行ったり、プールで遊んだり、気分も高揚し、ココロがオープンになります。そんな空気の中で生まれてくる赤ちゃんは、オープンハートな感じではあるものの、どこかで雑然と騒がしい空気の影響を受け、気分があちこちに向いて、慌てん坊な性格になるかもしれません。片づけが苦手な人が多いのも、忙しい季節の影響かもしれません。

**★秋土用：10月20日～11月6日**

運動会から文化祭へと学校の行事があるものの、比較的落ち着いた日常の中にあります。まだ「寒い」という気候までには至りませんが、日によって、非常に寒くなる時もあり、空気は乾燥し始めます。秋と冬をつなぐ「秋土用」は、カラダが肺主役から腎臓主役に移行する期間です。

この期間に生まれた赤ちゃんは、空気がだんだん冷たく乾燥していく中で、なんとなくもの寂しさを感じる感度が高くなるかもしれません。読書の秋、食欲の秋、世間は冬に向け、何か貯めておこうという空気。

知識も、食べ物も、そしてお金も、貯蔵傾向。何に対しても「備えること」や「予防すること」、「未然に防ぐこと」に意識が高くなるでしょう。

土用生まれは、4つの季節の間をつなぐ、「調整期間」に生まれた人。ゆえに調整能力、参謀能力、誰かをプロデュースしたり、舞台を演出したり、何かと何かをつなげたりする力が備わります。

●冬土用は、知的に調整していく力
●春土用は、信頼感で調整していく力
●夏土用は、情熱や理想で調整していく力
●秋土用は、経済力で調整していく力

さて、各季節の間に生まれた、土用生まれの赤ちゃんのカラダにはどんな特徴をつくるのでしょうか。

基本的に、土用生まれは

- 脾臓
- 膵臓
- 胃
- 真皮（表皮の下）
- 口
- 唇
- 乳首
- リンパ循環といった臓器・器官の働きに特質が現れます。

これらの器官は、以下のような力を与えてくれます。

- 調整能力、
- 自分の内面と外面を統合する力、
- 過去を今に活かす力、
- いざという時に力を発揮する心構え、
- 土台をしっかり支えるサポート力、

●言葉にしっかりと気持ちをのせること、
●人に与える力、受け取る力のバランスが自然と備わります。
●脾臓は、新しく白血球をつくり、古い赤血球を壊します。
●膵臓は、消化液である膵液を出し、また血糖値を下げるインスリンを分泌します。
●胃は、酸度の非常に強い胃酸を分泌し、食べ物を砕き、殺菌効果もあります。
●真皮(表皮の下)は皮膚の構造をつくり、キメやお肌の細やかさの土台をつくります。
●口の中では唾液という最初の消化液が出ます。
●唇は、汗腺がなく、胃腸に熱があると、すぐに乾燥します。唇の艶は胃腸が健康な証。
●乳首の状態は、カラダのリンパの状態を表します。
●リンパ循環は、カラダの毒素の回収と免疫の機能性を支えています。

土用生まれの人が、これらの器官に問題が出た場合、たとえば、貧血、アレルギー、消化不良、高血糖、胃もたれ、胃痛、お肌の急激なたるみやしわ、皮膚炎、口内炎、虫歯、唇の乾燥・腫れ、乳腺炎、しょっちゅう風邪をひくようなら、根本的な生活習慣改善が必要と考えます。

●1月17日〜2月3日（冬土用）は、季節では、冬のピーク、春に向けての準備期間。
体内では、腎臓がピークとなり、肝臓へのバトンタッチ開始。

●4月17日〜5月4日（春土用）は、季節では、春のピーク、夏に向けての準備期間。
体内では、肝臓がピークとなり、心臓へのバトンタッチ開始。

●7月19日〜8月6日（夏土用）は、季節では、夏のピーク、秋に向けての準備期間。
体内では、心臓がピークとなり、肺へのバトンタッチ開始。

●10月20日〜11月6日（秋土用）は、季節では、秋のピーク、冬に向けての準備期間。
体内では、肺がピークとなり、腎臓へのバトンタッチ開始。

それぞれの季節のピークに生まれた赤ちゃんには、各季節の特徴が色濃く反映されつつも、ピークの後すぐに折り返しが待っているという点で「調整能力」が身につきます。心臓破りの丘を越えた後の、下り坂、急な崖の底にたどり着いた後の、上り坂のように、土用という期間は、アクセルとブレーキの上手な使い方をその空気で季節がカラダに教えてくれる期間です。

このようにピークからの変化、次の季節への準備、というこの世の空気のファーストインプレッションは、この時期に生まれた赤ちゃんにとって「調整能力」や「適応能力」あるいは「バランス感覚」を育みます。これは成長して、状況への適応能力として、リリーフ的役割をきっちりこなす人、玄人的仕事に徹する人、縁の下の力持ちなどに開花していくことになるかもしれません。

これは、脾臓《ひぞう》という臓器の場所そのものも連動しています。脾臓は、左の上腹部にあり、上方は横隔膜《おうかくまく》に接していて、内側は左の腎臓と接しています。

普通は肋骨の下に隠れていて、体表からふれることはできません。腹部を輪切りにした断面図を見ると、手前に胃があり、その裏側にまさに秘蔵されているように脾臓が位置しているのが見て取れます。

ある意味で脾臓は、裏舞台からその日の「胃」の動きを監視しているかのようです。

東洋医学おいても、「脾」と「胃」とは、陰と陽のセットになっています。陽が胃で、陰が脾です。「胃」が活性化している時は「脾」が停滞し、「脾」が活性化している時は「胃」が停滞する関係にあるとされています。

そして私は、この2つに臓器にはもうひとつの陰陽が成り立っているのではないかと考えています。

胃が、顕在意識。

脾臓が、潜在意識。

つまり、意識の世界においての陰陽です。脾臓が、現代医学おいて目立たない臓器であるのは、まさに潜在意識を担当しているからだと思うのです。

土用生まれの子供は、潜在能力、潜在意識の活用、あるいは過去の経験の蓄積を今に活かすといった能力が発達します。

これは、肉体的には免疫系に顕著に現れます。免疫とは非常に個性的に働きますが、それは人が背負っている潜在意識がやはり個性的であるということの証拠なのです。

土用生まれは自ら個性的でありながら、人との距離感が非常にうまい人が多いです。

そして、表に出るよりも、陰で支える実力者……まとめ役、幹事長、舞台演出やプロデューサー、陰のフィクサー（？）といった人が多いようです。

土用生まれのポイントはふだんの「座り方」です。

脾臓の働きは、座っている時の姿勢に大きく影響を受けます。座ってする作業とはどんなことがあるでしょう。

・デスクワーク
・食事
・移動（新幹線、飛行機など）
・あと、トイレですね

中でも、食事中の姿勢には土用生まれの方はとくに気をつけてください。

またどっかり座って、周りの人にあれをとって、これをとって、などと指示を出すようなことになったら注意が必要です。すぐに立てるような姿勢が心地よい座り方なのです。

土用生まれの子供にとって、体調が崩れる時は、必ず、まず食べすぎがあります。ちゃんと姿勢を正して食べる癖がついている人は、あまり食べすぎません。

これは同じく、仕事の量にも関係してきます。姿勢の悪いデスクワークは能率が上がりません。適正な時間で適性に消化し、処理する。それも正しい姿勢で座ることから。とにかく土用生まれの人は、食べる時、仕事をする時、「座り方」にこだわりましょう。

季節のピークとそれに続く調整期間を最初のファーストインプレッションで感じて生まれてきた土用生まれにとって、物事のピークの後には、必ず切り返し時期がくることを肌身にしみて知っています。目に見えるものの背景にそれを動かし調整し、制御する何か……それを感じ取る能力に長けていると言えるでしょう。

食べものも、見た目の美しさや味、匂いもさることながら、カラダに入った後の働きの方に注目するかもしれません。また座るとは、視点を変えれば「寝る」と「立つ」の間の行為です。合間、間、中間……どこまでも間を取り持つのが土用生まれの宿命。土用生まれの子供は生まれながらにして「関係性を機能させる」ことの重要性に気づいています。

土用生まれの子供は、食欲不振や胃もたれが起きたような時はしっかり時間をとってカラダをケアしてあげる必要があります。また、いくら食べても食欲が満たされないようなことが多い時は、脾臓にストレスが溜っている時だといいます。

そんな時は、左の背中をマッサージしてあげることをおすすめします。またカラダに無理のない座り方をとことん研究して生活習慣に取り入れましょう。土用生まれの子供は、リズムのいい消化力および、意識的な座り方によって、カラダの血液の質を向上させ、免疫力をとても上手に機能させることができるでしょう。

土用生まれが本領を発揮すると、類いまれなる調整能力で政治力を活かすでしょう。誰もなすことのできない成果を他人の能力やチームを結集して上げることが可能になります。

土用生まれが季節の特徴を上手に活かせると、

●関係性（あちこち結んで機能させる）
●調整力（利害関係も誰もが納得のいく収め方）
●プロデュース力

●演出力
●過去の経験（自分だけではなく過去の英知）をうまく応用する力
●いかなる状況にも適応できる能力を生じさせます。

一言でいうと「信頼感」です。成果というのは、個人個人の能力というより、出会い
●関係性をマッチングさせること、
そしてそれをいかに演出するかにかかっているということを知っています。

そのアンテナは、
●仕事の量
●食べる量によって感度が左右されます。

これが土用生まれの人のパーソナリティ……。
もちろん、全員が全員この通りにはいかないでしょうが、季節が授けてくれたカラダの能力を活かせるかどうかは、親の意識次第。土用生まれの子供には、「食べる量」と「座り方」にふだんから意識を向けさせましょう。

# Lesson 8　季節生まれで生じる親子の相性

ここで、それぞれの季節生まれ同士の親子関係を考察していきましょう。五行には、それぞれ関係性があります。お互いを支えあう関係を相生《そうせい》、お互いがブレーキになる関係を相剋《そうこく》と言います。

★相生《そうせい》の関係
↓の向きに「育てる」関係。
水↓木↓火↓土↓金↓水
例）水が木を育てる。木が火を盛んにするなど。

★相剋《そうこく》の関係
↓の向きに「勢いを止める」関係。
金↓木↓土↓水↓火↓金
例）金属が木を切る。火が金属を溶かすなど。

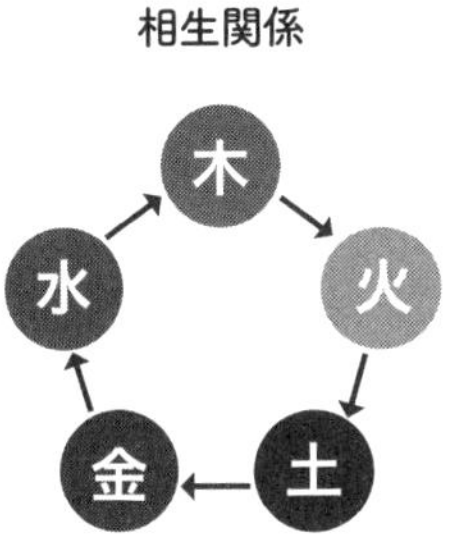


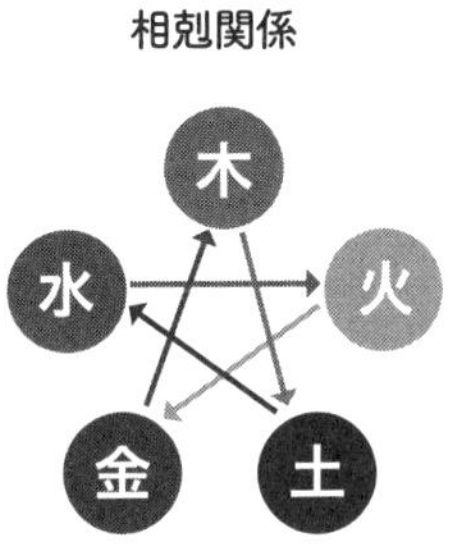

臓腑の相生と相剋の関係

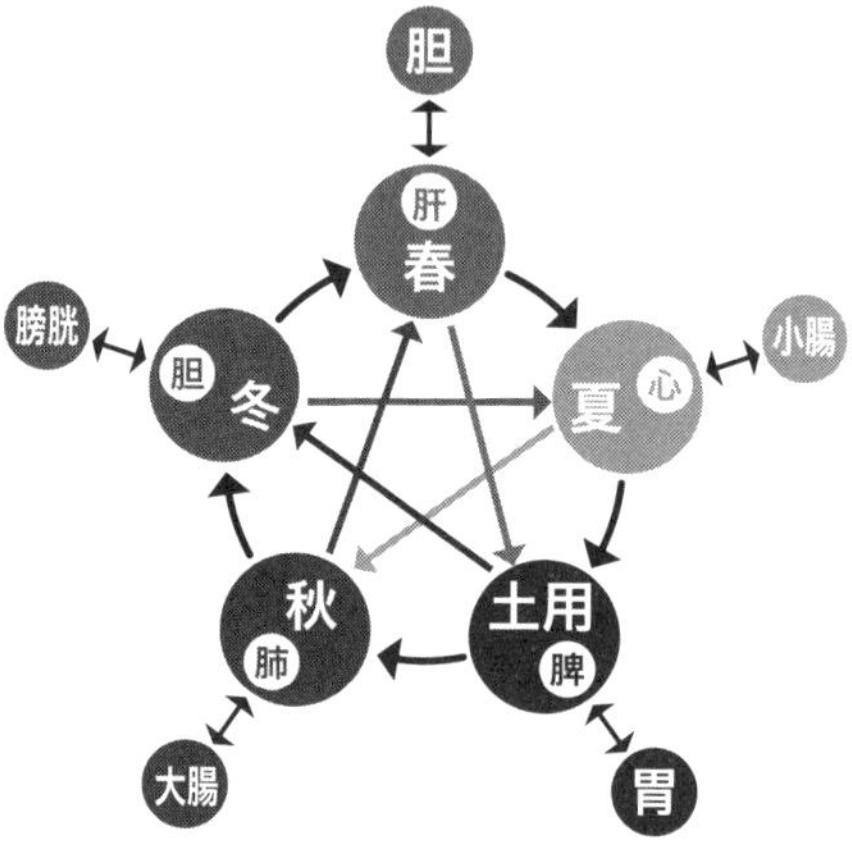


★相生の関係を季節生まれに当てはめると、

・冬生まれの人は、春生まれの人を助け、
・春生まれの人は、夏生まれの人を助け、
・夏生まれの人は、土用生まれの人を助け、
・土用生まれの人は、秋生まれの人を助け、
・秋生まれの人は、冬生まれの人を助け、

また一巡するという関係になります。

★一方、相剋の関係を季節生まれに当てはめると、

・秋生まれの人は、春生まれの人を抑制し、
・春生まれの人は、土用生まれの人を抑制し、
・土用生まれの人は、冬生まれの人を抑制し、
・冬生まれの人は、夏生まれの人を抑制し、
・夏生まれの人は、秋生まれの人を抑制し、

これまた一巡するという関係になります。

では、これをあなたの子供との関係を当てはめてみましょう。

あなた「　　」生まれ。　子供「　　」生まれ。

たとえば、あなたが「冬」生まれで、子供が「春」生まれならば、これは順当に、冬が春の到来を後押しするように、あなたが子供を助け、育てるという関係です。

逆に、あなたが「春」で、子供が「冬」なら、あなたが子供に助けられ、子供に親として育ててもらうという関係になります。以上は、相生関係。助け助けられ、サポートし合ういわば「母性」の関係と言えるでしょう。

一方、相剋の関係は、「父性」の関係です。やりすぎやルール違反に対し、きちんと叱る立場です。あなたが「冬」生まれで、子供が「夏」生まれなら、燃え盛かる山火事になりそうな火に、水をかけるような役割となります。

逆に、子供からいさめられる逆相剋の関係もあり得るでしょう。

相生＝母性、相剋＝父性という言い方をしましたが、もちろんお母さんの中にも父性があり、お父さんの中にも母性があってしかるべきです。

また、季節生まれの相生・相剋の関係は、親子二人だけで完結させるのではなく、家族全体でどんな関係になっているのかを見ておくことも大切です。

相生関係は、ほめて育てる関係が成り立ちやすいですし、その関係からは、叱ったり、注意したりすることが難しくなるかもしれません。いざという時には、相剋関係からきちんとけじめをつけた忠告が大事な時もあります。それはお父さんの時もあれば、兄弟姉妹、あるいは、祖父母からの時がうまくいくこともあるでしょう。

季節生まれの関係は絶対とは言いませんが、家族相互での、シーン別の役割分担を考えるのにはとても役立つものとなります。

# 第三章　大切な３つの機能の発達

# Lesson 9　立って歩くということ

立って歩くこと、しゃべること、思考すること。

人間の人間たる3つの特徴。それら高度な技術を、人はおよそ、3歳までにすべて身につけます。考えてみれば、すごいことです。

そして、この頃同時に、子供は、「僕」、「私」と言い始め、「自分」という輪郭のはっきりとした認識が生まれてきます。

どこからどこまでがお母さんで、どこからが自分なのか。

「自分」という言葉が象徴しているように「自らの領域を分ける」タイミングが、立って歩いてしゃべり始めた後、にわかに訪れるのです。

ここは、自己意識の成長にとって重要な時期です。自分を発見する過程で、自分とお母さんは違う、自分は一人なんだ、という意識が強くなるからです。ここにたとえば弟や妹ができたら、お母さんをとられた気分になって疎外感を感じてしまいますね。2〜3歳にかけては、「一人だけど、一人じゃないよ」というフォローがとても必要な時期です。

**運動発達の順序（Shirley, 1961）**

| | | | |
|---|---|---|---|
| 0か月 | 胎児の姿勢 | 8か月 | 助けられて立つ |
| 1か月 | 頭を上げる | 9か月 | 家具につかまって立っていられる |
| 2か月 | 胸を上げる | 10か月 | 這い這い |
| 3か月 | ものをつかもうとするができない | 11か月 | 手を引かれて歩く |
| 4か月 | 支えられて座る | 12か月 | 家具につかまって立ち上がる |
| 5か月 | 膝の上に座る<br>ものをにぎる | 13か月 | 階段を昇る |
| 6か月 | 高い椅子の上に座る<br>ぶら下がっているものをつかむ | 14か月 | ひとりで立つ |
| 7か月 | ひとりで座る | 15か月 | ひとりで歩く |

上の図は、発達心理学の世界ではたいへん有名なシャーレー（Shirley・M・M）の研究です。

赤ちゃんが、生後15か月までに、どのような運動の発達を経て成長していくのかをウォッチしたもので、そこで重要なことは運動能力の発達は、

1．頭部から臀部《でんぶ》へ

2．中心部から末端部へ

という2つの方向性を持っているという法則です。

「上から下へ」、「中から外へ」と生じるこの法則は、能力の発現の方向性として、よく覚えておきましょう。

## 立つということ（1歳前後）

赤ちゃんは10か月〜11か月頃になると、這い這いから「座る姿勢」への切り替えが自由になり、一瞬の「一人立ち」をするようになります。この頃、寝ている姿勢、座る姿勢、つかまり立ち、伝い歩きの間で動作の行き来が起こり始めます。

11か月〜12か月では、つかまり立ちから伝い歩きをし、箱などを押して歩こうとします。階段を四つんばいで昇ったり、後ろ向きに降りたりすることができます。

つかまって立ったり、しゃがんだりするのが活発になり、床から直接立ち上がります。

私たち大人でも、「立つ」と、座っている時より視野が広がります。

座っていたり、ましてや寝ていては見えないものが立つと見えてきます。当たり前のようですが、これはある意味で、視野の上昇、世界の次元上昇を表します。

立つということは、高い視野の獲得によって、世界のとらえ方が変わるということなのです。

## 歩くということ（1歳半前後）

立ち姿勢を保ち、バランスをとりながら足を交互に動かし、カラダを前に進める動

作……。歩くことは、1歳1か月の子供で50％、1歳6か月の子供で90％が一人でできるようになるそうです。

1歳1か月～1歳3か月で、子供は2～3歩以上の歩行を始めます。1歳4か月～1歳6か月で、なめらかな直立二足歩行が可能になり、自分から立ち上がって歩き出します。1歳7か月～2歳になれば、しっかりした足取りになり、遠くへ長く歩けるようになります。スピードも調整しながら、速く・ゆっくりと。1歳8か月で90％以上の子供が「走る」ことができるようになると言います。

2歳頃から階段の昇り降りは手すりにつかまってできるようになります。何にもつかまらず、足を交互に出して階段を昇れるようになるのは3歳になる頃。昇るのが先で、降りられるようになるのが後です。

ちなみに、2歳半で両足ジャンプができるようになり、3歳すぎで幅跳びが、3歳半で2秒以上の片足立ちができるようになります。

4歳ではケンケンとびができるようになり、スキップができるようになるのは5歳です。歩き方はカラダの成長とともに変化し、大人とほぼ同じような歩き方ができるようになるのは7歳頃です。

ずいぶん前のことになりますが、イスラエルの動物園のサルが、突然2本足でスタスタと歩き始めたというニュースを聞いたことがありました。

このサルは、名前を「ナターシャ」といい、ある日突然、原因不明の高熱に伏せり、生死をさまよいました。これはナターシャだけでなく同じく高熱を出していた他の二頭もいたのですが、残念ながらその二頭は亡くなってしまいました。ナターシャだけが奇跡的に生還して命をとりとめたのです。

不思議なことはそれから起きました。症状が治癒してまもなく、突如として後ろ足だけを使って背筋を伸ばし、人間のようにスタスタと歩き始めたのです。まさに、きれいな「二足歩行」を獲得したのでした。高熱により脳の回路が一部つながって進化したのでは？　などとの解説もありましたが、私はこれを聞いてびっくりしたと同時に、「なるほど」と腑に落ちた気分になりました。

私たち人類の祖先も、こうした「病気」とともに、二足歩行という能力を獲得したのかもしれない……。考えてみれば、人類史上、病気は一度もなくなったことがありません。病気そのものが、私たちのカラダに新たな経験、そして新しい環境への適応力を授けてくれているものだとしたら……。

私は時おり、野山を散策するのですが、土の上や石の歩道の上を歩くと、改めて歩くということが、すごく高度な機能なんだということを感じさせられます。ちょっとした小石を踏むたび、土のへこんだ部分に足をとられるたび、その反動をカラダの反対側で吸収し、中心軸のバランスをとる。街中のアスファルトの上を歩いていては感じられないこの感覚……。私たちが、日常で普通にお世話になっている「歩く」という行為ですら、遠い祖先が苦労して獲得してきた能力。子供は0歳から7歳までの間にそれを追体験しているのです。

## 閑話休題

以前、講演会にウォーキングのデューク更家さんをお招きした時のこと。楽屋で歩き方のポイントをレッスンいただき、

「丹田《たんでん》（へその下）に目がついていると想像して歩いてごらんなさい。その目がアップダウンしすぎないよう、酔わないように歩くことが秘訣だ」と。

なるほど、丹田ウォーク。この一言だけで、私の歩き方はその日から変わりました。

丹田と言って、私がすぐに思い浮かべる人物は、意外や日本人ではなく、ポルトガル出身のプロサッカー選手、クリスチアーノ・ロナウド選手です。サッカーファンでなくとも、彼の弾丸ドリブルをニュースなどで見たことがある人もいるかもしれません。ドリブルだけでなく、シュートも弾丸です。無回転で、一直線に地を這うようにゴールに吸い込まれてゆく弾道は、「丹田ビーム」と言っても過言ではありません。

人類は、歩くことで脳を爆発的に発達させましたが、そのおかげで今は逆に、歩くことをおろそかにしてしまっています。おろそかな歩き方は、地に足がしっかりつかず、上体が浮いてしまうので、背骨の軸がぶれ、頭部も安定せず、結果、思考もぶれてしまいます。

「歩くこと」と「思考」は、散歩を日課としていたカントをはじめ、多くの哲学者も「哲学の道」を歩いたように、たいへん密接に、関係しています。

丁寧に歩くことは丁寧な思考を生むのです。

普通は人は、目で歩いて（つまり、四角い視野の中で歩く）いるので、カラダは目の視野に固定されています。目を閉じると多くの人が、右か左かの斜めにぶれてまっすぐ歩くことができませんが、それはすなわち、カラダが視覚に縛られてしまっている証拠なのです。

肚がすわり、丹田に意識が向いている人は目をつぶっても、まっすぐ歩けます。

人間にとって、歩くことは「思考の獲得のプロセス」。そして、丁寧に心を込めて歩くことは「人間性の獲得」と言えます。その原点を、丹田は教えてくれます。

# Lesson 10 しゃべるということ

前項でもお話ししたように、二足歩行を獲得したことで、人類はまず手の自由を得ました。また、頭部が持ち上がったので広い範囲まで見渡せる視野の広さを得ました。頭部が持ち上がったことの副次的効果は、食道と気道の交差です。空気は前方の「気道（喉頭）」へ、食べ物は後方の「食道」へと送られていきますが、左ページの図のように、食べる時には軟口蓋《なんこうがい》と喉頭蓋《いんとうがい》というフタで気管を閉じます。これがうまく閉じないとご飯粒が気管に入ってむせることになったり、お餅をのどに詰まらせたりしてしまいます。どうしてこんな複雑な交差構造になってしまったのか……。しかし、このおかげで大事な機能が生まれました。そう、「言葉」です。

私は、言葉とは、「個と場」と考えています。個体、個人、個性といった「個」と、その個を取り巻く環境＝「場」をつなぐ大切なツールと解釈しているのです。

それを前提に、まずは0歳から5〜6歳まで、子供がどのように「言葉」を身につけていくか押さえていきましょう。

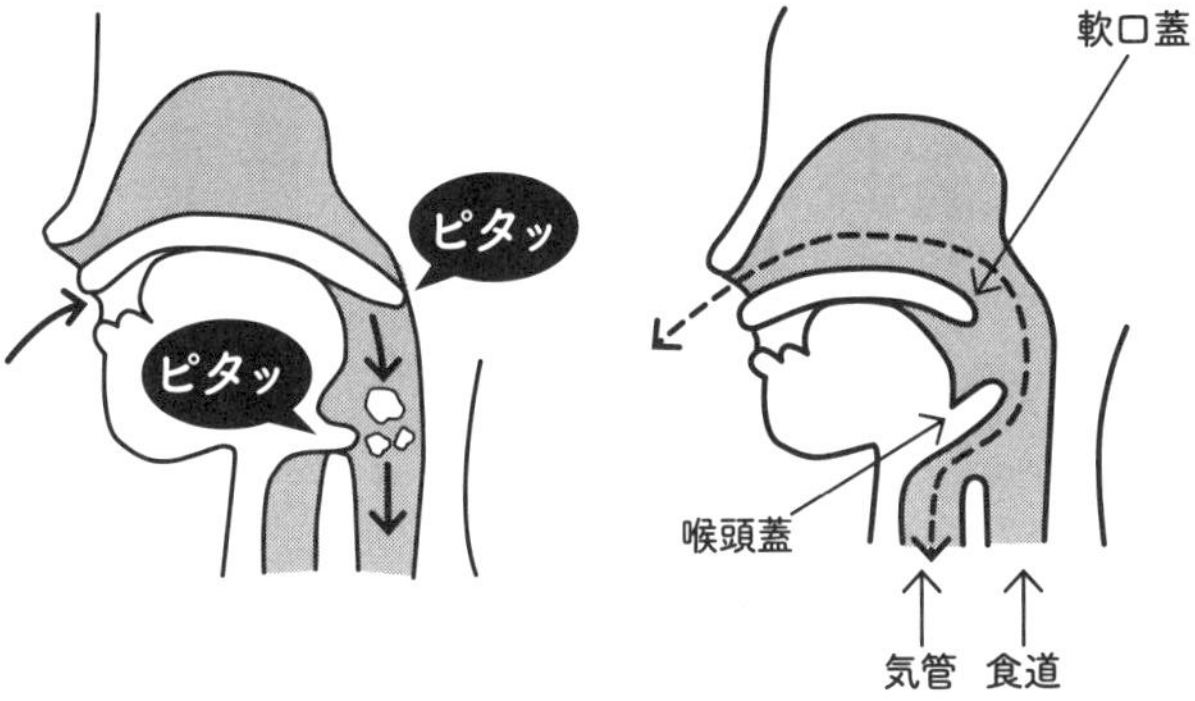


生後1か月半〜2か月で赤ちゃんは、「アー」とか「ウー」といった声を出し始めます。快適な状態で目覚めている時に、ひんぱんに発せられる音声と言われ、これには名前がついていて「クーング（cooing）」と言います。これは万国共通です。母国語に関係なくみられるそうです。

続いて、生後6か月ぐらいになると、口の開け閉めと声帯の振動と舌の動きなどの組み合わせによって、「パー」「マー」「ババババ」「ムウムウ」など一定の抑揚やパターンをもって発声するようになります。このように発せられる言葉を喃語《なんご》と言いますが、周りの大人の言葉をまねようとしています。

続いて、生後10〜12か月くらいになると、母国語としてはじめて意味のある言葉を発するようになります。「マンマ」「バイバイ」「ワンワン」など。これを初語と言います。「ワンワン」の中に「ワンワンがいる」「ワンワンこわい」などの複数の意味が込められています。初語以降、それから半年間は２～３語ぐらいで、それほど語彙は増加しません。

１歳６か月頃になると二語文が出始めます。「ママのくつ」など「の」の使い方がわかるようになります。

２歳～２歳６か月頃の特徴は、自分の名前（●●ちゃん）を入れて話をし始めることです。また、「にゃーにゃー、イッタ」「コップ、チョウダイ」など動詞を使った二語文を話し始めます。

語彙の数が２歳頃には３００語前後、２歳半ばには５００語、３歳には１０００語になります。また「イヤ」「イラナイ」という意思表示が始まるのもこの頃です。

「イヤイヤ期」は最初の反抗期。何に対しても「イヤ！」と言って自己主張するようになります。反抗期はその後も形を変えて何度か現れてきますが、これは周りを否定してみることで自分の存在や自分の作用がどれくらいなのかを確認する行為なのです。

イヤという言葉に対し、ひとつひとつ道理を諭してもこの時期にはあまり効果的ではありません。それよりも、とにかく触れてあげたり、抱きしめてあげたりすることです。イヤ！　違う！　は自己存在の確認ですから、触れてその存在を認めてあげることこそ、大切な回答になるのです。

またこの頃には「コンニチハ」「サヨウナラ」「オヤスミナサイ」「イタダキマス」「ゴチソウサマ」を言えるようになります。聴覚の発達も豊かで、歌や絵本の読み聞かせを求め、テレビもよく見るようになってきます。

3歳になると三語文、四語文が使えますが、「ママのくつがない」など文章の構成はシンプルです。3歳児はちなみに「しりとり」がうまくできないことが多いです。たとえば「リンゴ」の最後の文字を切り離して聞くことができず、リンゴという構成音全体で把握しているためです。

さて、言葉を身に着けてゆく際に、4歳前後はターニングポイントです。

言葉のうち、音にして外に出す通常の発話を外言《がいげん》、ココロの中でつぶやく言葉を内言《ないげん》と言います。

4歳の子供にお絵かきをさせて、赤色のクレヨンを隠してしまったら、「赤がないいな、誰かが持っていっちゃったのかなぁ、オレンジでいいかなぁ」とつぶやきが多くなります。思うようにできない状況に直面すると4歳頃の子供は独り言が2倍に増えるそうです。この頃の子供にとって言葉とは、誰かとのコミュニケーションの機能よりも、自分との会話で使われるケースが多いのです。

語彙の数で言えば、4歳では1500語、5歳で2000~2500語くらいになると言われています。5~6歳頃には日常生活では困らない程度にまで語を獲得します。同時に、口に出さずに考えることも多くなってきます。

また話し言葉の音声を正しく作り出すことを構音《こうおん》(調音)と言いますが、すべての音が正しく構音できるようになる時期は5~6歳頃と言われています。

以下、日本語50音のそれぞれのおよその構音できる年齢を一覧にしておきましょう。たとえば「ワ」は1歳2か月~3か月の間に75%以上の子供が構音できるようになります。

構音できる年齢一覧

| | |
|---|---|
| 1歳2か月～1歳3か月 | 「ワ」 |
| 2歳3か月～2歳5か月 | 「マ」「ミ」「ム」「メ」「モ」 |
| 2歳3か月～2歳5か月 | 「パ」「ピ」「プ」「ペ」「ポ」 |
| 2歳5か月～2歳6か月 | 「ナ」「ニ」「ヌ」「ネ」「ノ」 |
| 2歳5か月～2歳6か月 | 「カ」「キ」「ク」「ケ」「コ」 |
| 2歳5か月～2歳6か月 | 「タ」「テ」「ト」 |
| 2歳8か月～2歳9か月 | 「バ」「ビ」「ブ」「ベ」「ボ」 |
| 2歳9か月～2歳 11 か月 | 「ヤ」「ユ」「ヨ」 |
| 3歳0か月～3歳6か月 | 「ガ」「ギ」「グ」「ゲ」「ゴ」 |
| 3歳0か月～3歳6か月 | 「ダ」「デ」「ド」 |
| 3歳0か月～3歳5か月 | 「チ」「ジ」 |
| 3歳5か月以前 | 「ヒ」「フ」 |
| 4歳0か月～4歳5か月 | 「ハ」「ヘ」「ホ」「シ」 |
| 5歳0か月～5歳6か月 | 「ツ」「ザ」「ズ」「ゼ」「ゾ」 |
| 5歳0か月～5歳 11 か月 | 「サ」「ス」「セ」「ソ」 |

## 閑話休題

以前、叶姉妹さんのトークショーを最前のゲスト席で聞かせていただいたことがあります。お話を聴いていて、叶姉妹さん、やはり相当、芯の通った生き方をされてきたんだなぁ、ということがよくわかりました。会場からの問いに答えていくスタイルで行われたトークショー……、

**問い）** 叶姉妹さんは、落ち込んだりした時、どんなココロの切り替え方を実践されているのか教えてください。

**答え）** わたくしたちは、落ち込みません。正確には、落ち込む状況に自分たちを追い込まないようにしております。

**私）** はぁーー。

**問い）**叶姉妹さんのリラックス法を何か教えてください。

**答え）**わたくしたちは、今もリラックスしております。緊張？いたしません。緊張するような環境に自分たちを置かないようにしております。

**私）**はぁーーー。

次元を超えた回答……。やはり庶民の私たちとは発想の回路がずいぶん違うんだなと……。しかし、質問者ひとりひとりへの「わたくしたちの著書や情報をそんなに知ってくださり、本当にありがとうございます」という配慮や「わたくしたちは、『おすすめ』ということは一切いたしません。みなさまそれぞれの合う合わないを大切にされることが理想だと思っております」という考え方や姿勢には学ぶことが多かったです。

そして、一番、私が驚いたのが、叶姉妹さんの言葉づかいが本当に美しく、まったく崩れないこと。その日は、10人くらいは受けていたでしょうか、手を挙げて質問する人たちの言葉づかいも次第に、「わたくし……」と質問者自身の言葉づかいがどんどんきれいになっていき、またその内容も、しっかりとはっきりと、明瞭になっていったのです。

**私）** はぁーー。

これは、叶姉妹さんの言葉づかいと雰囲気が会場全体に伝染したんだな、と感じました。叶姉妹さんのきれいで上品なリズムをずっと聞いていると、こちらもだんだん上品な気分になってきて、しまいには、「お姉さま」と、口ずさんでしまいそうになる……。この空気壊したくないなぁ、という会場全体の意図が質問者ひとりひとりの言葉づかいに反映し、きれいにスラスラと話せたのではないか、と。

言葉づかいは、周囲をも包み込む力になる……。

言葉とは「個と場」だと書きましたが、子供の言葉は、親のつくる言語空間の影響を受けます。親の使うふだんの言葉づかいが、そのまま子供の言語の基礎となります。

この章では、生後1か月半から5〜6歳までの言語発達の様子を俯瞰してみましたが、言葉は赤ちゃんだけが勝手に発達させるわけではなく、常に周囲との相互関係において形づくられていくものだということを覚えておきましょう。

# Lesson 11 考えるということ

ジャン・ピアジェは、スイスの児童心理学者で20世紀においてもっとも影響力の大きかった心理学者の一人とされています。子供の言語、世界観、因果関係、数や量の概念などの研究を多数発表しました。

少し専門的にはなりますがピアジェの研究をもとに「考える」ことと言葉の関係をみていきましょう。P103の図は「ピアジェによる認識の発達段階」。子供の思考の成長過程を示しています。この表にある出生から1歳8か月くらいまでの感覚運動段階という段階では自分の動ける範囲（運動や感覚でとらえた範囲）というのが子供にとっての現実です。

しかし2歳から7歳までは、特に4歳以降はイメージを上手に使うことができるようになり、前概念＝イメージで言葉を使い、現実をとらえようとします。けれども、たとえばA家で飼われている犬とB家の犬が「犬」という共通項で結ばれているということにはまだ気づけず、A家の犬とB家の犬はまったく別の存在だとして認識します。

「犬」というカテゴリーは「概念」ですが、こうした概念を用いた論理的思考ができ始めるのは7から8歳になってからなのです。7〜8歳以降12歳になってくると、言葉は、概念=現実となります。

その後、より高度に脳が発達すると、「具体的な事物」が目の前になくても想像力や過去の経験を活かして論理的思考ができるようになり、目の前の現実ではないことがらも概念として言葉化できるようになります。

少し難しい内容でしたが、何が言いたいかと言えば、言葉は「思考」と「認識される現実」とセットで発達していくということです。

大人は自分自身が経験してきたはずの発達段階をあまり覚えていないので、子供に何かを教える時に、自分ではもうできてしまっている「完成型」からやらせようとしてしまいます。

けれども、ピアジェの示すように各発達段階にいる子供にとっては、現実は大人とは違うということは知っておいた方がよいでしょう。

ピアジェによる認識の発達段階（内田．1991b）

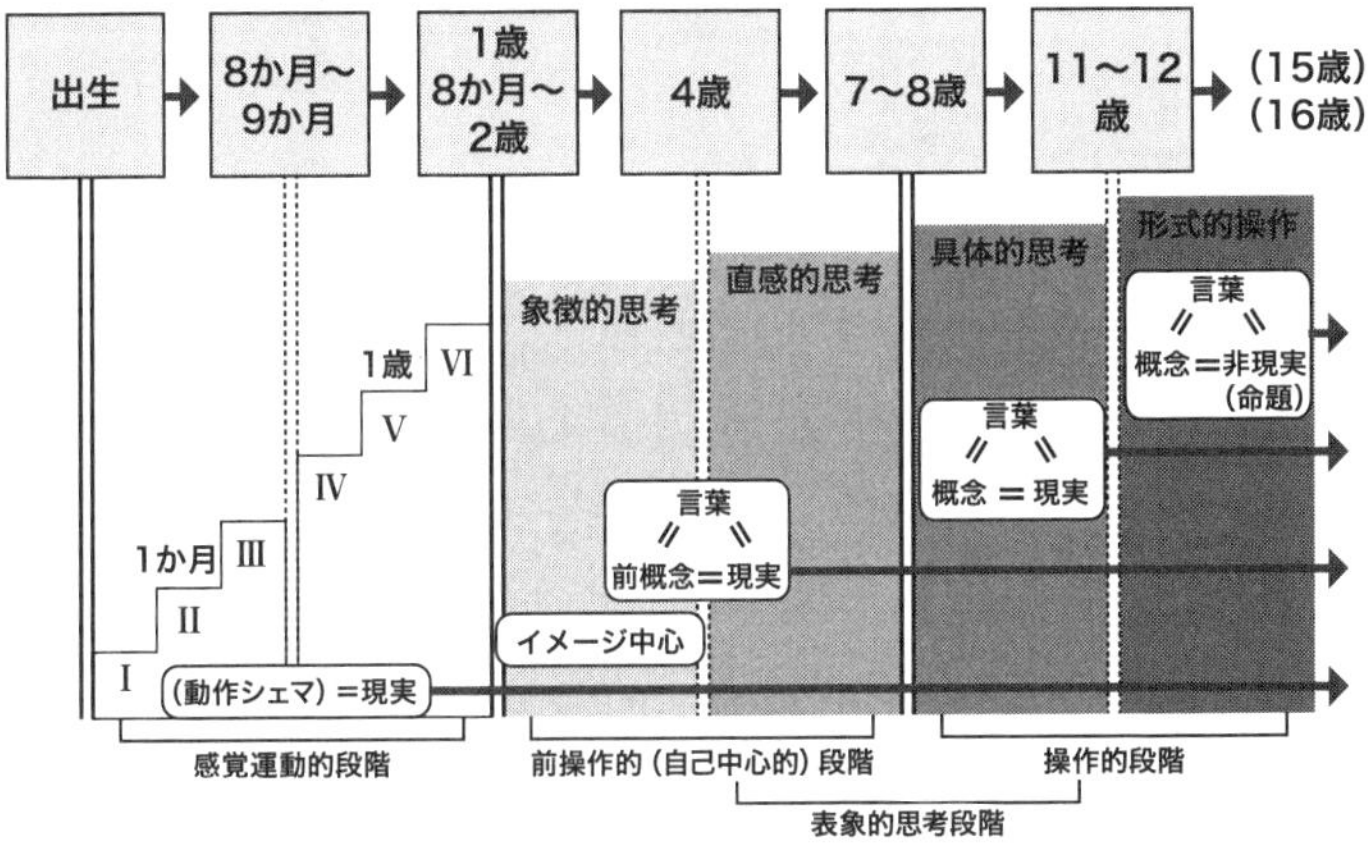


【2歳6か月〜4歳6か月の認識】

2歳代で閉じた丸が描けるようになり、3歳代で大—小、多—少、円と線を描き分けます。3歳後半には、人の顔も顔だけではなく、「顔」から手足が出て、「頭足人」の絵を描き始めます。その後、4歳代では顔に加えて胴体や手足も描くようになります。

3歳以降、大脳の左右両半球の神経ネットワークの構築が進み、4歳すぎには利き側が決まってきます。心臓などの中心器官は重さが増し、内臓機能の成熟期に入ります。視力も1．0前後になり、聴力も発達し、メロデイの記憶、匂いの嗅ぎ分け、味の違いもわかってきます。

【4〜6歳頃】

4〜6歳頃の子供は、感覚やイメージの中で思考しています。カラダはバランスのとり方や体の動かし方が発達し、ブランコで立ち乗りができたり、スキップができるようになってきます。

鉛筆を正しく持ち、箸をうまく使えるようになるのもこの時期です。バツや三角など、斜めの線で構成される形を描けるようにもなります。

また4歳頃に起こってくるのは、相手の気持ちを少しずつ理解することができるようになることです。友達と遊ぶ時に順番を守れるようになり、仲間で協力して何かをつくったりできるようになってきます。記憶力も伸び、左右もはっきりわかるようになってきます。

現実把握の力がどんどん増してくるこの時期に、子供は親に、たくさん質問をしてきます。親は、忙しくてその質問をスルーするか、逆にその質問に対し、論理的回答を試みようとしますが、7〜8歳以前の子供の質問は、そのような論理的回答を求めていないことの方が多いです。

4〜6歳くらいの子供はとくに、自分の感覚を通して体験したことを言葉で表そうとしているだけなので、様々なものを目にして子供たちが様々に抱く疑問に、大人が複雑に答える必要はありません。

「どうしてテレビは四角いの？」と聞かれたたら、「そうだね。四角いのは不思議だね」と答えてあげれば十分なのです。スルーするよりはずいぶんとよいです。

この時期、感覚が急激に発達する子供たちの脳には、世界が洪水のように情報化して流れ込んできます。しかしまだ、それをカテゴライズする「概念」が足りません。概念化するには時間がかかります。

そんな時、親ができるとてもよいことは、「読み聞かせ」です。ファンタジーやメルヘン。想像の世界を提供するのです。特に同じ絵本を何度も何度も聞かせてあげるのが良いでしょう。脳への刺激的な情報生活を送る4〜6歳の子供にとって、毎晩のそれは、ココロの安心領域となります。

# COLUMN

## カラダの4つの成長曲線

下の図は「スキャモンの発達曲線」という有名な研究です。

子供の器官の発達は、よく調べてみると、器官によって成長のスピードが違うことがわかりました。

これは出産時の状態を０％、成長の到達年齢（20歳）の状態を100%として各器官の重量変化を計算してみると、発達の４つの型が現れるという法則です。

１の神経型（神経型とは脳、脊髄、頭部など）は、乳幼児期にめざましく発達します。大人の脳重量は、1200〜1400ｇですが新生児の脳重量は370〜400ｇ。この時点で大人の25%です。２歳になると大人の50%になり、６歳には90%、10歳では95%となります。神経型の発達は早い段階で大人の水準に達します。11歳前後は「神経的な」達成点です。

２のリンパ型（胸腺やリンパ腺など）は、独特な急成長曲線を描きます。７歳で100%、12歳近くで200%です。大人の２倍にもなるこの年齢の時期は免疫機能がもっとも活発に働いていることを意味しています。12歳前後は「免疫的な」ピーク点です。

３の一般型は、頭部を除く身体全体の重量の計算です。心臓、肺、骨、筋肉などを含みます。一般型は２つの波で構成されています。一波目は、胎児期から新生児期にかけての急な発達。その後はゆるやかな線となり、二波目は13〜14歳頃から生じます。この第二波の発達には性差が大きく現れます。９歳頃から12歳頃までは女子の方が先に急増しますので、同年代の男子より女子の方が背が高くなることがよくあります。これを「交差現象」をよびます。13歳前後は「性的な」転換点です。

４は生殖型では、卵巣、精巣を含みます。生殖器官は男女ともに生まれた時から12歳頃までほとんど変化はありません。小学校５〜６年頃から生殖機能が増大し始め、14歳頃から急激にカーブを描き一気に完成していきます。これを「第二次性徴期」ともよんでいます。14歳前後は「性的な」上昇点です。

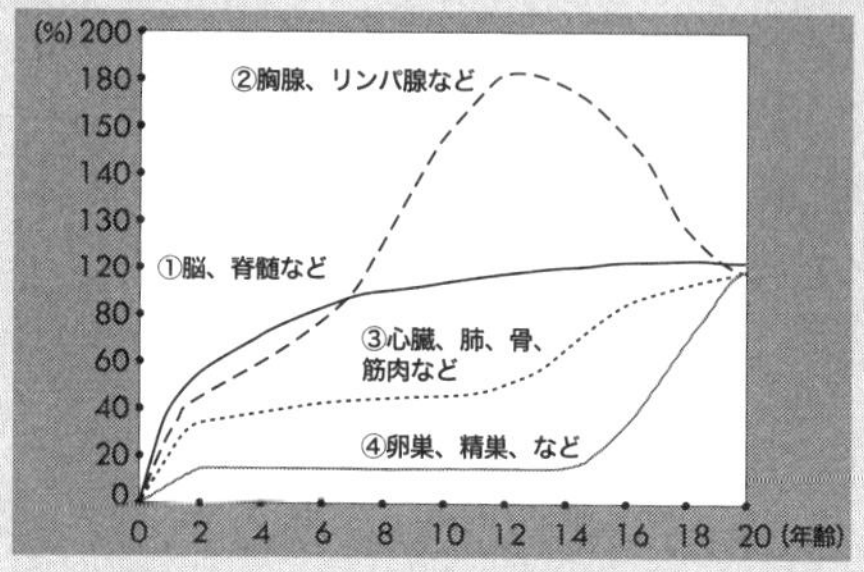


スキャモンの発達曲線

11 歳前後　脳の到達点
12 歳前後　免疫ピーク点
13 歳前後　性的な転換点
14 歳前後　性的カーブ上昇点

# 第四章　子育てを通じて親になっていくプロセス

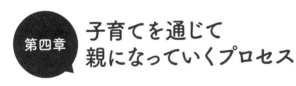

## Lesson 12 子育て＝自分育て

シュタイナー教育関連の本で、7歳までの子供は、お父さん・お母さんと感情を共有している、という記述を見つけました。近くにいるいないにかかわらず、ほとんど家に帰らない父親とも感情ではつながっているようです。

たしかに私のところへ親子で来られるクライアントさんの場合も、お子さんに何らかの不調がある時は、たいてい両親のどちらかのストレスを反映しています。

……かく言う私も、そうでした。

ちょっとそのエピソードを報告します。

忙しくて忙しくて、仕事にかき回されていた頃、うちの2番目の子供がひどいアトピーになったのです。人様の健康のケアをしてる私が、自分の娘を、アトピーにしてしまっているんですから、ちょっとショックでした。

当時私がやっていたセラピーでは、ココロとカラダのリンクを具体的に見つけていくメソッドを使っていました。筋肉反射などを使って、うちの子のアトピーをみていた時、その症状のココロに、「せっかち」やら「無気力」やら「嫉妬」やら、とても子供の感情とは思えない多くの感情が干渉していたんです。

「うちの子、2歳だし、そんな感情を持つようなイヤな子じゃないとは思うけど……」

今度は母親（つまり私の妻）のリーディングをしていきました。

「気苦労」「プレッシャー」「イライラ」……うーん、何となくわかる。

でも、次に自分自身のリーディングをやった時でした。

「せっかち」「無気力」「嫉妬」……、あれー、まんま、私のストレスが娘にチャージされているではありませんか！

……うう、ごめんなー。泣きながら、我が子を抱きしめました。

子供は、家庭のストレスというのを吸収してくれます。
お父さんが倒れる前に、
お母さんが倒れる前に、
子供が先に、高熱や湿疹でわかりやすく、家庭に溜まったストレスをガス抜きしてくれるのです。

子供がストレスを？　そ、そんな……。

でも、まあ、よく考えてみれば、それも何となく思い当たる……。


「こら、だめでしょ！」

「何度言ったらわかるの！」

「そっち行っちゃ危ないでしょ！」

「もう、いい加減にしなさい！」

こんな言葉、自分の子供以外の誰かに言えますか？

上司に向かって、「あっち行きなさい！」とは言えませんよね。

お姑さんに向かって、「もう、あなた、どれだけわがままなの！」なんて、やっぱり言えないです。

子供はどれだけ叱っても、親を嫌いにはならない。その信頼を、親はわかっているので、叱るというより、自分の感情を子供にぶつけてしまう。それでも大丈夫だと。こんな人間関係……、確実に、親の方が癒されていませんか……？

プライドや何やらかなぐり捨ててアトピーというものに、向き合った当時。しかし、自分の子供だから、私が責任をとれるし、本当にがっちり向き合って、自然療法とマインドシフトを中心にケアを開始し、すっかり治ってくれたからよかったものの、病院にいっさいかからなかったわけではありません。むしろ病院とのかかわりも、ステロイドとの付き合いも、主体的な選択とタイミングがとっても大事なんだな、とこの時、勉強させられました。おかげさまで、今では、つるつるお肌で、普通の子よりもお肌が強いのではないか、と思います。

治ってくれた、と簡単に書きましたが、しかしそれはそれは、濃密なプロセスではありました。治す主体は、あくまで本人です。しかし、小さい子供なら、その親は自分の子に限り、責任と覚悟をもって治す主体となりえます。

一緒に添い寝をして、子供が寝ながら掻く「がりっ」という音に目を覚ます……。手をとり、代わりにかゆい場所をさすってやって、子供の手を握りながら、眠りにつく……。

アトピーのお子さんがいらっしゃる親御さんには、同じ体験をされた方もいるかもしれませんが、夜通し、これを繰り返すと、こっちもかなり衰弱しますよね。

親として、子供のアトピーほど自分のココロがささくれる病気はないかも、と当時の私は思ったものでした。

しかし同時に、これほど親子の絆を深める病気もないな、とも……。

親は最初から親であるわけではありません。子供が育ってくれてはじめて親にしてもらえます。子育ては、同時に自分育て。自分自身が、責任ある人間に育っていくプロセスなのだと子供に教えてもらったのでした。

# Lesson 13 家族の「場」という考え方

子供の症状が、鼻づまり、目やに、中耳炎、肌の湿疹など感覚器官から先に出やすいのはなぜなのでしょう？「家族の場」という考え方で、考察してみましょう。

伝統医学で指摘されるカラダの外側に放射される「見えないカラダ」の広さは、誰が測ったのかわかりませんが、前後左右に、8mもの範囲に及ぶそうです。私は、伝統医学やエネルギー医学に見られるこの発想は、本当かどうかは別にしても、とても便利な考え方だと思っています。肉体の外側に広がるカラダというものを想像してみると、病気や症状へのとらえ方も少し変わってくるからです。

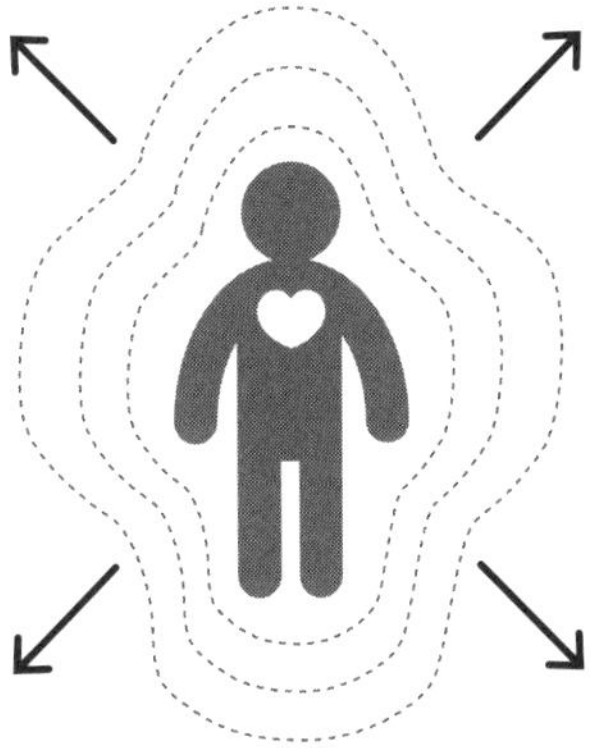


前後左右に8mもカラダがあれば、私たちの存在は、常に誰かと触れ合っていることになります。満員電車でイライラしてしまうのは、

ちょっと肩が触れるどころか、見えないカラダ同士が、いくつも折り重なっている状態になっているからということですね。

そして、考えてみましょう。一緒に暮らす家族に至っては、触れ合うというよりはもう、ある部分で見えないカラダを共有しています。

「夫婦で似てくる」とか「ペットは飼い主に似る」とか言いますが、親子関係はもちろん、家庭を構成する個人の「見えないカラダ」が折り重なって、家庭の「場」を形成しているとも考えられるのです。

過去、私のところへいらっしゃった親子さんのケースをふりかえると、とくに小さいお子さんの場合、ボディリーディングをしてみると、連れてこられたお母さんの心理パターンとよく似た結果になることが多かったです。お母さんとお子さんで、結果がまるで同じというケースもありました。

前項の私のケースの時のように、子供自身の少ない経験では、「恨み」や「先入観」、「過去にとらわれる」などの心理反応を自ら発するとは考えにくいので、これは母親（もちろん父親も）の持つ心理パターンの影響が、その家庭で共有する見えないカラダを通じて、子供に伝わっているということかもしれないと考えるのです。

「家庭の場」で共有するストレスは、より生命力が高く、ストレス浄化力の高い方へ流れていって、何とかそこで処理してもらおうとします。お父さん、お母さんに肉体的症状が出る前に、まずお子さんが、発熱、発疹、鼻水、咳などのわかりやすい形で、家庭のストレスを表現して浄化してくれると考えるのです。

「この子は風邪ばっかりひいて、本当にカラダが弱いんです」とお母さんはおっしゃるのですが、家庭の場というつながりの中で、家族全体のストレスをお子さんがそのカラダで引き受けてくれている、と考える視点も必要かもしれませんね。

でも、子供がストレスを引き受けてくれるからと言って、お母さんもお父さんも自分を責めてはいけません。子供たちは、その体験そのものも深いところでおりこみずみで、了解して生まれてくるのですから。

子供は、見えないカラダを通じてお母さんとお父さんのココロを共有しにきている。

あなたのココロの成長こそ、子供が潜在的に望んでいることなのです。

## COLUMN

### 肌に触れるというコミュニケーション

本文でも触れたようにうちの子供は生まれた時からアトピーだったこともあり、小さい頃はなるべく肌を触って、日々の肌の様子や変化を観るようにしていました。

お肌がずいぶんよくなって以降も、一緒にお風呂に入ったら、素手でカラダに触れて洗うようにし、タオルなど挟まず毎日触れていると、なんだか日々の細かな変化が（それはほんのちょっとの微妙なことなんですが）わかるようになってきて、「あ、昨日は油ものを食べすぎたな」とか、「あ、寝不足だな」、とか、「あ、もうすぐ風邪をひくな」とか……。

そのうち、「あ、学校でイヤなことがあったな」なんてことまで感じるようになってきて……。

それこそ時系列的な、積み重ねの結果でしょう。小さなお子さんを育て中のお母さん、お父さんには、子供たちと一緒にお風呂に入るなら、ぜひ素手で直接、子供たちの肌に触れるように、しかも、昨日と今日の微妙な違いというものをできるだけ意識しながら、洗ってあげるようにしてみることをおすすめします。（石鹸は使っても使わなくても同じです。）

とくに、背中です。人は、背中をやさしく触れられると、安心感を増しますから、カラダが緩み、開いて情報をくれます。一方、正面からだと、目が合ったりして、お互いの意図が働きだし、カラダの発する微妙な反応が逃げてしまいます。背中には、いろーんなカラダ内部緊張や感情などが現れています。感情というのは、まず、手足の筋肉に溜まり、解放されずにいると、手からは、腕、肩、首に、足からは、ふくらはぎ、太もも、腰に、次第に背中の中央部に集まってきて、背骨周辺の筋肉に左右差を起こし、結果として、背骨のゆがみやずれを生じさせます。

だから反対に、背骨を丁寧にたどっていくと、その人の日々のストレス、食習慣、しぐさや行動のクセが見えてくるのです。

小さなお子さんがいるのでしたら、ぜひ子供の毎日の変化を、手で触れて感じてあげてください。

# 第五章 女の子7年周期 男の子8年周期

# Lesson 14　子育てバーズ・アイ・ビュー

バーズ・アイ・ビューとは、鳥が空から地上を見渡すように見る景色のこと。地上にいては見落とすようなことでも、空からの広い視野なら発見できることがあります。子育ては、いつも「現場」で起こりますから、目の前の対応に追われて広い視野どころではありませんよね。でも、今日はちょっと考えてみてください。子育ては、子供が大人になるまでの長い長い物語。あなたのお子さんの過去と未来をバーズ・アイするために、次ページの「子育てバーズ・アイ年表」をご覧ください。

例として示しているのは、

（2001）年（8）月（11）日生まれの女の子、
（2003）年（5）月（5）日生まれの男の子、
（2007）年（2）月（19）日が誕生日の早生まれの女の子、
（2010）年（3）月（21）日が誕生日の早生まれの男の子、

兄弟姉妹がいても、そのうちの一人の子と母親（父親）としてのあなたとの一対一で見てみましょう。

## ※女の子の場合

| 子供の誕生日 | 子供の年齢 | 周期 | おもな行事 | その時のあなたの年齢 |
|---|---|---|---|---|
| (2007)年(2)月(19)日 | 0歳 | 1 | 眠る／食べる | (29) 歳 |
| (2008)年(2)月(19)日 | 1歳 | 2 | 立つ／歩く | (30) 歳 |
| (2009)年(2)月(19)日 | 2歳 | 3 | しゃべる　第1次反抗期 | (31) 歳 |
| (2010)年(2)月(19)日 | 3歳 | 4 | イメージ期 | (32) 歳 |
| (2011)年(2)月(19)日 | 4歳 | 5 | 利き脳 | (33) 歳 |
| (2012)年(2)月(19)日 | 5歳 | 6 | 感情成立 | (34) 歳 |
| (2013)年(2)月(19)日 | 6歳 | 7 | 計算／ひらがな | (35) 歳 |
| (2014)年(2)月(19)日 | 7歳 | 1 | | (36) 歳 |
| (2015)年(2)月(19)日 | 8歳 | 2 | | (37) 歳 |
| (2016)年(2)月(19)日 | 9歳 | 3 | | (38) 歳 |
| (2017)年(2)月(19)日 | 10歳 | 4 | | (39) 歳 |
| (2018)年(2)月(19)日 | 11歳 | 5 | | (40) 歳 |
| (2019)年(2)月(19)日 | 12歳 | 6 | | (41) 歳 |
| (2020)年(2)月(19)日 | 13歳 | 7 | | (42) 歳 |
| (2021)年(2)月(19)日 | 14歳 | 1 | | (43) 歳 |
| (2022)年(2)月(19)日 | 15歳 | 2 | | (44) 歳 |
| (2023)年(2)月(19)日 | 16歳 | 3 | | (45) 歳 |
| (2024)年(2)月(19)日 | 17歳 | 4 | | (46) 歳 |
| (2025)年(2)月(19)日 | 18歳 | 5 | | (47) 歳 |
| (2026)年(2)月(19)日 | 19歳 | 6 | | (48) 歳 |
| (2027)年(2)月(19)日 | 20歳 | 7 | | (49) 歳 |
| (2028)年(2)月(19)日 | 21歳 | | | (50) 歳 |

A (2013) 年4月 小学1年生
B (2014) 年4月 小学2年生
C (2015) 年4月 小学3年生
D (2016) 年4月 小学4年生
E (2017) 年4月 小学5年生
F (2018) 年4月 小学6年生
G (2019) 年4月 中学1年生
H (2020) 年4月 中学2年生
I (2021) 年4月 中学3年生
J (2022) 年4月 高校1年生
K (2023) 年4月 高校2年生
L (2024) 年4月 高校3年生
(2025) 年3月

## ※男の子の場合

| 子供の誕生日 | 子供の年齢 | 周期 | おもな行事 | その時のあなたの年齢 |
|---|---|---|---|---|
| (2003)年(5)月(5)日 | 0歳 | 1 | 眠る／食べる | (29)歳 |
| (2004)年(5)月(5)日 | 1歳 | 2 | 立つ／歩く | (30)歳 |
| (2005)年(5)月(5)日 | 2歳 | 3 | しゃべる 第1次反抗期 | (31)歳 |
| (2006)年(5)月(5)日 | 3歳 | 4 | イメージ期 | (32)歳 |
| (2007)年(5)月(5)日 | 4歳 | 5 | 利き脳 | (33)歳 |
| (2008)年(5)月(5)日 | 5歳 | 6 | 感情成立 | (34)歳 |
| (2009)年(5)月(5)日 | 6歳 | 7 | 計算／ひらがな | (35)歳 |
| (2010)年(5)月(5)日 | 7歳 | 8 | A (2011) 年4月 小学1年生 | (36)歳 |
| (2011)年(5)月(5)日 | 8歳 | 1 | B (2012) 年4月 小学2年生 | (37)歳 |
| (2012)年(5)月(5)日 | 9歳 | 2 | C (2012) 年4月 小学3年生 | (38)歳 |
| (2013)年(5)月(5)日 | 10歳 | 3 | D (2012) 年4月 小学4年生 | (39)歳 |
| (2014)年(5)月(5)日 | 11歳 | 4 | E (2012) 年4月 小学5年生 | (40)歳 |
| (2015)年(5)月(5)日 | 12歳 | 5 | F (2012) 年4月 小学6年生 | (41)歳 |
| (2016)年(5)月(5)日 | 13歳 | 6 | G (2012) 年4月 中学1年生 | (42)歳 |
| (2017)年(5)月(5)日 | 14歳 | 7 | H (2012) 年4月 中学2年生 | (43)歳 |
| (2018)年(5)月(5)日 | 15歳 | 8 | I (2012) 年4月 中学3年生 | (44)歳 |
| (2019)年(5)月(5)日 | 16歳 | 1 | J (2012) 年4月 高校1年生 | (45)歳 |
| (2020)年(5)月(5)日 | 17歳 | 2 | K (2012) 年4月 高校2年生 | (46)歳 |
| (2021)年(5)月(5)日 | 18歳 | 3 | L (2012) 年4月 高校3年生 | (47)歳 |
| (2022)年(5)月(5)日 | 19歳 | 4 | (2013) 年3月 | (48)歳 |
| (2023)年(5)月(5)日 | 20歳 | 5 | | (49)歳 |
| (2024)年(5)月(5)日 | 21歳 | 6 | | (50)歳 |
| (2025)年(5)月(5)日 | 22歳 | 7 | | (51)歳 |
| (2026)年(5)月(5)日 | 23歳 | 8 | | (52)歳 |
| (2027)年(5)月(5)日 | 24歳 | | | (53)歳 |

## ※早生まれ女の子の場合

| 子供の誕生日 | 子供の年齢 | 周期 | おもな行事 | その時のあなたの年齢 |
|---|---|---|---|---|
| (2001)年(8)月(11)日 | 0歳 | 1 | 眠る／食べる | (29) 歳 |
| (2002)年(8)月(11)日 | 1歳 | 2 | 立つ／歩く | (30) 歳 |
| (2003)年(8)月(11)日 | 2歳 | 3 | しゃべる　第1次反抗期 | (31) 歳 |
| (2004)年(8)月(11)日 | 3歳 | 4 | イメージ期 | (32) 歳 |
| (2005)年(8)月(11)日 | 4歳 | 5 | 利き脳 | (33) 歳 |
| (2006)年(8)月(11)日 | 5歳 | 6 | 感情成立 | (34) 歳 |
| (2007)年(8)月(11)日 | 6歳 | 7 | 計算／ひらがな | (35) 歳 |
| (2008)年(8)月(11)日 | 7歳 | 1 | A (2008) 年4月 小学1年生 | (36) 歳 |
| (2009)年(8)月(11)日 | 8歳 | 2 | B (2009) 年4月 小学2年生 | (37) 歳 |
| (2010)年(8)月(11)日 | 9歳 | 3 | C (2010) 年4月 小学3年生 | (38) 歳 |
| (2011)年(8)月(11)日 | 10歳 | 4 | D (2011) 年4月 小学4年生 | (39) 歳 |
| (2012)年(8)月(11)日 | 11歳 | 5 | E (2012) 年4月 小学5年生 | (40) 歳 |
| (2013)年(8)月(11)日 | 12歳 | 6 | F (2013) 年4月 小学6年生 | (41) 歳 |
| (2014)年(8)月(11)日 | 13歳 | 7 | G (2014) 年4月 中学1年生 | (42) 歳 |
| (2015)年(8)月(11)日 | 14歳 | 1 | H (2015) 年4月 中学2年生 | (43) 歳 |
| (2016)年(8)月(11)日 | 15歳 | 2 | I (2016) 年4月 中学3年生 | (44) 歳 |
| (2017)年(8)月(11)日 | 16歳 | 3 | J (2017) 年4月 高校1年生 | (45) 歳 |
| (2018)年(8)月(11)日 | 17歳 | 4 | K (2018) 年4月 高校2年生 | (46) 歳 |
| (2019)年(8)月(11)日 | 18歳 | 5 | L (2019) 年4月 高校3年生<br>(2020) 年3月 | (47) 歳 |
| (2020)年(8)月(11)日 | 19歳 | 6 | | (48) 歳 |
| (2021)年(8)月(11)日 | 20歳 | 7 | | (49) 歳 |
| (2022)年(8)月(11)日 | 21歳 | | | (50) 歳 |

## ※早生まれ男の子の場合

| 子供の誕生日 | 子供の年齢 | 周期 | おもな行事 | その時のあなたの年齢 |
|---|---|---|---|---|
| (2010)年(3)月(21)日 | 0歳 | 1 | 眠る／食べる | (24)歳 |
| (2011)年(3)月(21)日 | 1歳 | 2 | 立つ／歩く | (25)歳 |
| (2012)年(3)月(21)日 | 2歳 | 3 | しゃべる | (26)歳 |
| (2013)年(3)月(21)日 | 3歳 | 4 | イメージ期　第1次反抗期 | (27)歳 |
| (2014)年(3)月(21)日 | 4歳 | 5 | 利き脳 | (28)歳 |
| (2015)年(3)月(21)日 | 5歳 | 6 | 感情成立 | (29)歳 |
| (2016)年(3)月(21)日 | 6歳 | 7 | 計算／ひらがな | (30)歳 |
| (2017)年(3)月(21)日 | 7歳 | 8 | A (2016) 年4月 小学1年生 | (31)歳 |
| (2018)年(3)月(21)日 | 8歳 | 1 | B (2017) 年4月 小学2年生 | (32)歳 |
| (2019)年(3)月(21)日 | 9歳 | 2 | C (2018) 年4月 小学3年生 | (33)歳 |
| (2020)年(3)月(21)日 | 10歳 | 3 | D (2019) 年4月 小学4年生 | (34)歳 |
| (2021)年(3)月(21)日 | 11歳 | 4 | E (2020) 年4月 小学5年生 | (35)歳 |
| (2022)年(3)月(21)日 | 12歳 | 5 | F (2021) 年4月 小学6年生 | (36)歳 |
| (2023)年(3)月(21)日 | 13歳 | 6 | G (2022) 年4月 中学1年生 | (37)歳 |
| (2024)年(3)月(21)日 | 14歳 | 7 | H (2023) 年4月 中学2年生 | (38)歳 |
| (2025)年(3)月(21)日 | 15歳 | 8 | I (2024) 年4月 中学3年生 | (39)歳 |
| (2026)年(3)月(21)日 | 16歳 | 1 | J (2025) 年4月 高校1年生 | (40)歳 |
| (2027)年(3)月(21)日 | 17歳 | 2 | K (2026) 年4月 高校2年生 | (41)歳 |
| (2028)年(3)月(21)日 | 18歳 | 3 | L (2027) 年4月 高校3年生 | (42)歳 |
| (2029)年(3)月(21)日 | 19歳 | 4 | (2028) 年3月 | (43)歳 |
| (2030)年(3)月(21)日 | 20歳 | 5 | | (44)歳 |
| (2031)年(3)月(21)日 | 21歳 | 6 | | (45)歳 |
| (2032)年(3)月(21)日 | 22歳 | 7 | | (46)歳 |
| (2033)年(3)月(21)日 | 23歳 | 8 | | (47)歳 |
| (2034)年(3)月(21)日 | 24歳 | | | (48)歳 |

次ページに「女の子の場合」、「男の子の場合」、「早生まれの女の子の場合」、「早生まれの男の子の場合」の4つの表を用意しました。実際にあなたのお子さんの年表をつくってみましょう。本にそのまま書き込んでもいいですし、兄弟の人数分をコピーして、全員の年表をつくってもらえるとうれしいです。

空欄になっている（　）内に数字を記入していきますが、まず左上の子供の誕生日です。そこから下に1年ずつ書いていきましょう。面倒でもこの表は、一目で見て子育て全体を把握できるようにすることが目的です。

次は、中ほどの欄。小学校に上がる年を記入しましょう。通常なら誕生日の翌年の数字ですが、早生まれの場合は、6歳になったのと同じ年の数字を書き入れます。その下に1年ずつ書き込んでいきましょう。

右の欄には、その子の誕生日に、あなた自身が何歳になっているかです。

そうやってまず、女の子なら0歳から21歳、男の子なら0歳から24歳までの子育て全体像を俯瞰《ふかん》してみます。

## ※女の子の場合

| 子供の誕生日 | 子供の年齢 | 周期 | おもな行事 | その時のあなたの年齢 |
|---|---|---|---|---|
| (　　)年(　)月(　)日 | 0歳 | 1 | 眠る／食べる | (　　)歳 |
| (　　)年(　)月(　)日 | 1歳 | 2 | 立つ／歩く | (　　)歳 |
| (　　)年(　)月(　)日 | 2歳 | 3 | しゃべる 第1次反抗期 | (　　)歳 |
| (　　)年(　)月(　)日 | 3歳 | 4 | イメージ期 | (　　)歳 |
| (　　)年(　)月(　)日 | 4歳 | 5 | 利き脳 | (　　)歳 |
| (　　)年(　)月(　)日 | 5歳 | 6 | 感情成立 | (　　)歳 |
| (　　)年(　)月(　)日 | 6歳 | 7 | 計算／ひらがな | (　　)歳 |
| (　　)年(　)月(　)日 | 7歳 | 1 | A (　　) 年4月 小学1年生 | (　　)歳 |
| (　　)年(　)月(　)日 | 8歳 | 2 | B (　　) 年4月 小学2年生 | (　　)歳 |
| (　　)年(　)月(　)日 | 9歳 | 3 | C (　　) 年4月 小学3年生 | (　　)歳 |
| (　　)年(　)月(　)日 | 10歳 | 4 | D (　　) 年4月 小学4年生 | (　　)歳 |
| (　　)年(　)月(　)日 | 11歳 | 5 | E (　　) 年4月 小学5年生 | (　　)歳 |
| (　　)年(　)月(　)日 | 12歳 | 6 | F (　　) 年4月 小学6年生 | (　　)歳 |
| (　　)年(　)月(　)日 | 13歳 | 7 | G (　　) 年4月 中学1年生 | (　　)歳 |
| (　　)年(　)月(　)日 | 14歳 | 1 | H (　　) 年4月 中学2年生 | (　　)歳 |
| (　　)年(　)月(　)日 | 15歳 | 2 | I (　　) 年4月 中学3年生 | (　　)歳 |
| (　　)年(　)月(　)日 | 16歳 | 3 | J (　　) 年4月 高校1年生 | (　　)歳 |
| (　　)年(　)月(　)日 | 17歳 | 4 | K (　　) 年4月 高校2年生 | (　　)歳 |
| (　　)年(　)月(　)日 | 18歳 | 5 | L (　　) 年4月 高校3年生 | (　　)歳 |
| (　　)年(　)月(　)日 | 19歳 | 6 | (　　) 年3月 | (　　)歳 |
| (　　)年(　)月(　)日 | 20歳 | 7 | | (　　)歳 |
| (　　)年(　)月(　)日 | 21歳 | | | (　　)歳 |

## ※男の子の場合

| 子供の誕生日 | 子供の年齢 | 周期 | おもな行事 | その時のあなたの年齢 |
|---|---|---|---|---|
| (　　)年(　)月(　)日 | 0歳 | 1 | 眠る／食べる | (　　)歳 |
| (　　)年(　)月(　)日 | 1歳 | 2 | 立つ／歩く | (　　)歳 |
| (　　)年(　)月(　)日 | 2歳 | 3 | しゃべる | (　　)歳 |
| (　　)年(　)月(　)日 | 3歳 | 4 | イメージ期　第1次反抗期 | (　　)歳 |
| (　　)年(　)月(　)日 | 4歳 | 5 | 利き脳 | (　　)歳 |
| (　　)年(　)月(　)日 | 5歳 | 6 | 感情成立 | (　　)歳 |
| (　　)年(　)月(　)日 | 6歳 | 7 | 計算／ひらがな | (　　)歳 |
| (　　)年(　)月(　)日 | 7歳 | 8 | A (　　) 年4月 小学1年生 | (　　)歳 |
| (　　)年(　)月(　)日 | 8歳 | 1 | B (　　) 年4月 小学2年生 | (　　)歳 |
| (　　)年(　)月(　)日 | 9歳 | 2 | C (　　) 年4月 小学3年生 | (　　)歳 |
| (　　)年(　)月(　)日 | 10歳 | 3 | D (　　) 年4月 小学4年生 | (　　)歳 |
| (　　)年(　)月(　)日 | 11歳 | 4 | E (　　) 年4月 小学5年生 | (　　)歳 |
| (　　)年(　)月(　)日 | 12歳 | 5 | F (　　) 年4月 小学6年生 | (　　)歳 |
| (　　)年(　)月(　)日 | 13歳 | 6 | G (　　) 年4月 中学1年生 | (　　)歳 |
| (　　)年(　)月(　)日 | 14歳 | 7 | H (　　) 年4月 中学2年生 | (　　)歳 |
| (　　)年(　)月(　)日 | 15歳 | 8 | I (　　) 年4月 中学3年生 | (　　)歳 |
| (　　)年(　)月(　)日 | 16歳 | 1 | J (　　) 年4月 高校1年生 | (　　)歳 |
| (　　)年(　)月(　)日 | 17歳 | 2 | K (　　) 年4月 高校2年生 | (　　)歳 |
| (　　)年(　)月(　)日 | 18歳 | 3 | L (　　) 年4月 高校3年生 | (　　)歳 |
| (　　)年(　)月(　)日 | 19歳 | 4 | (　　) 年3月 | (　　)歳 |
| (　　)年(　)月(　)日 | 20歳 | 5 | | (　　)歳 |
| (　　)年(　)月(　)日 | 21歳 | 6 | | (　　)歳 |
| (　　)年(　)月(　)日 | 22歳 | 7 | | (　　)歳 |
| (　　)年(　)月(　)日 | 23歳 | 8 | | (　　)歳 |
| (　　)年(　)月(　)日 | 24歳 | | | (　　)歳 |

## ※早生まれ女の子の場合

| 子供の誕生日 | 子供の年齢 | 周期 | おもな行事 | その時のあなたの年齢 |
|---|---|---|---|---|
| (　　)年(　)月(　)日 | 0歳 | 1 | 眠る／食べる | (　　)歳 |
| (　　)年(　)月(　)日 | 1歳 | 2 | 立つ／歩く | (　　)歳 |
| (　　)年(　)月(　)日 | 2歳 | 3 | しゃべる　第1次反抗期 | (　　)歳 |
| (　　)年(　)月(　)日 | 3歳 | 4 | イメージ期 | (　　)歳 |
| (　　)年(　)月(　)日 | 4歳 | 5 | 利き脳 | (　　)歳 |
| (　　)年(　)月(　)日 | 5歳 | 6 | 感情成立 | (　　)歳 |
| (　　)年(　)月(　)日 | 6歳 | 7 | 計算／ひらがな | (　　)歳 |
| (　　)年(　)月(　)日 | 7歳 | 1 | A (　　) 年4月 小学1年生 | (　　)歳 |
| (　　)年(　)月(　)日 | 8歳 | 2 | B (　　) 年4月 小学2年生 | (　　)歳 |
| (　　)年(　)月(　)日 | 9歳 | 3 | C (　　) 年4月 小学3年生 | (　　)歳 |
| (　　)年(　)月(　)日 | 10歳 | 4 | D (　　) 年4月 小学4年生 | (　　)歳 |
| (　　)年(　)月(　)日 | 11歳 | 5 | E (　　) 年4月 小学5年生 | (　　)歳 |
| (　　)年(　)月(　)日 | 12歳 | 6 | F (　　) 年4月 小学6年生 | (　　)歳 |
| (　　)年(　)月(　)日 | 13歳 | 7 | G (　　) 年4月 中学1年生 | (　　)歳 |
| (　　)年(　)月(　)日 | 14歳 | 1 | H (　　) 年4月 中学2年生 | (　　)歳 |
| (　　)年(　)月(　)日 | 15歳 | 2 | I (　　) 年4月 中学3年生 | (　　)歳 |
| (　　)年(　)月(　)日 | 16歳 | 3 | J (　　) 年4月 高校1年生 | (　　)歳 |
| (　　)年(　)月(　)日 | 17歳 | 4 | K (　　) 年4月 高校2年生 | (　　)歳 |
| (　　)年(　)月(　)日 | 18歳 | 5 | L (　　) 年4月 高校3年生 | (　　)歳 |
| (　　)年(　)月(　)日 | 19歳 | 6 | (　　) 年3月 | (　　)歳 |
| (　　)年(　)月(　)日 | 20歳 | 7 | | (　　)歳 |
| (　　)年(　)月(　)日 | 21歳 | | | (　　)歳 |

## ※早生まれ男の子の場合

| 子供の誕生日 | 子供の年齢 | 周期 | おもな行事 | その時のあなたの年齢 |
|---|---|---|---|---|
| (　　)年(　)月(　)日 | 0歳 | 1 | 眠る／食べる | (　　)歳 |
| (　　)年(　)月(　)日 | 1歳 | 2 | 立つ／歩く | (　　)歳 |
| (　　)年(　)月(　)日 | 2歳 | 3 | しゃべる | (　　)歳 |
| (　　)年(　)月(　)日 | 3歳 | 4 | イメージ期　第1次反抗期 | (　　)歳 |
| (　　)年(　)月(　)日 | 4歳 | 5 | 利き脳 | (　　)歳 |
| (　　)年(　)月(　)日 | 5歳 | 6 | 感情成立 | (　　)歳 |
| (　　)年(　)月(　)日 | 6歳 | 7 | 計算／ひらがな | (　　)歳 |
| (　　)年(　)月(　)日 | 7歳 | 8 | A (　　) 年4月 小学1年生 | (　　)歳 |
| (　　)年(　)月(　)日 | 8歳 | 1 | B (　　) 年4月 小学2年生 | (　　)歳 |
| (　　)年(　)月(　)日 | 9歳 | 2 | C (　　) 年4月 小学3年生 | (　　)歳 |
| (　　)年(　)月(　)日 | 10歳 | 3 | D (　　) 年4月 小学4年生 | (　　)歳 |
| (　　)年(　)月(　)日 | 11歳 | 4 | E (　　) 年4月 小学5年生 | (　　)歳 |
| (　　)年(　)月(　)日 | 12歳 | 5 | F (　　) 年4月 小学6年生 | (　　)歳 |
| (　　)年(　)月(　)日 | 13歳 | 6 | G (　　) 年4月 中学1年生 | (　　)歳 |
| (　　)年(　)月(　)日 | 14歳 | 7 | H (　　) 年4月 中学2年生 | (　　)歳 |
| (　　)年(　)月(　)日 | 15歳 | 8 | I (　　) 年4月 中学3年生 | (　　)歳 |
| (　　)年(　)月(　)日 | 16歳 | 1 | J (　　) 年4月 高校1年生 | (　　)歳 |
| (　　)年(　)月(　)日 | 17歳 | 2 | K (　　) 年4月 高校2年生 | (　　)歳 |
| (　　)年(　)月(　)日 | 18歳 | 3 | L (　　) 年4月 高校3年生 | (　　)歳 |
| (　　)年(　)月(　)日 | 19歳 | 4 | (　　) 年3月 | (　　)歳 |
| (　　)年(　)月(　)日 | 20歳 | 5 | | (　　)歳 |
| (　　)年(　)月(　)日 | 21歳 | 6 | | (　　)歳 |
| (　　)年(　)月(　)日 | 22歳 | 7 | | (　　)歳 |
| (　　)年(　)月(　)日 | 23歳 | 8 | | (　　)歳 |
| (　　)年(　)月(　)日 | 24歳 | | | (　　)歳 |

## Lesson 15　0〜7歳までの「潜在的」な学び

東洋医学的には、女性は7年周期、男性は8年周期でカラダの機能がステップアップしていくという考え方があります。子育てバーズ・アイ・ビュー年表にもそれを反映させています。

「七五三」の由来にあるように、7歳までというのは一人前の人間が出来上がるまでのひとつの区切りです。人は7歳までに経験したことが、いい意味でも悪い意味でも、その人のカラダやココロのクセや人間関係の基盤になります。

大人の目から見れば取るに足らないちょっとしたストレスも、子供にとっては、大問題であることはいくらでもあります。0歳から7・8歳までのそれぞれの年齢に起こった出来事は、本人はすっかり忘れてしまっていても、潜在意識の奥の方では覚えていて、その後、7年周期（男性は8年周期）で顔を出す、というケースを私はこれまでたくさん見てきました。

たとえば、ある女の子が4歳の時に、大事にしていたぬいぐるみを旅行先でなくし、とても悲しくて耐えきれなかったけれども、自分の不注意なんだからと我慢するように言われ、泣く泣く感情を封印していたとします。それが、のちの7年周期で11歳、18歳、25歳といった年齢に、同じようなテーマの出来事が形を変えて起こって、そこでまた封印した潜在記憶と向き合うといったことが生じることがあります。

ここで、私が考える、0〜1歳、1〜2歳、2〜3歳、3〜4歳、4〜5歳、5〜6歳、6〜7歳におけるそれぞれの「潜在的な学び」とその時に経験したココロの負荷が、のちの周期や大人になってから、どのような心理的葛藤として現れやすいかをまとめておきました。

### 0〜1歳：学び　昼夜のリズム、自分を世界にどう関わらせていくか。

内分泌線では、サーカディアンリズムをつくる「松果体」機能の発育に影響。
ここでの学びは、のちの周期において、理解力、統合力、俯瞰力《ふかんりょく》、鳥瞰力《ちょうかんりょく》、ものごとを全体としてとらえる能力へと発展していきます。またそれが、霊性についての学びにおよぶことも。

逆に、ここでのストレスが大きければ、のちの周期で肉体と精神のバランスがとりにくくなり、現実逃避感が強くなります。また、誰かのちょっとした態度で精神状態が不安定になり、軽く扱われたと感じたり、疎外感を感じるようになります。皮膚の発疹、うつ、不眠、慢性疲労などに現れます。

**言葉がけ**　**「大丈夫だよ」（触れて育てる）**

### 1～2歳：学び　立つこと、歩くことを通じて得るバランス感覚。

内分泌線では、ホルモン統括センターである「脳下垂体」に影響。

ここでの学びは、のちの周期において、洞察力と直観力、知性と経験、ものごとを見通す力。意志の力。予見の力。ファシリテーション能力。場を読んで未然に問題を解消する推測能力へと発展していきます。

逆に、ここでのストレスが大きければ、のちの周期で、頑として聞かない態度、気難しく頑固もの、また、自分を見透かされることが恐くなり、必要以上に自分を防衛する態度、頭痛、めまい、記憶力の低下などに現れます。

**言葉がけ**　**「そうだね」「OKだよ」「わ、すごい」など**

## 2〜3歳：学び　行動範囲が広がることによる自由度の確認、語彙の獲得による気持ちの表現、コミュニケーション能力。

内分泌線では、のどにある「甲状腺」の発達に影響。

ここでの学びは、のちの周期において、自分の気持ちを適切に表現する力、自己表現の方法、自己投影の理解、選択の力、自由と変容の力、夢を追うことへの許可、親や伝統からの脱皮のほか、ナビゲーション能力、人と人をつなげる力、世界と世界をつなげる力へと発展していきます。

逆に、ここでのストレスが大きければ、のちの周期で、個人的世界観に浸りやすくなり、疑心暗鬼になりがちになります。自分の弱い部分や嫌な部分を相手に見てしまったり（マイナスの自己投影）、相手の言葉の裏に敏感になったり、思ってもみなかったことを口走ったり、嘘をついたりしてしまって、コミュニケーションにズレが生じやすくなります。代謝力低下、ほてり、動悸、声のかすれ、拒食や過食、ちょっとした一言が気になるなどに現れます。

**言葉がけ　「正直に言えたね」「えらいね」など**

**3〜4歳：学び　愛、喜び、充実感。**

内分泌線では「胸腺」に影響。また「心臓」にも関係します。

ここでの学びは、のちの周期において、喜びの表現力、共感能力、育成能力、相手をほめて育てる力。自立させていく力。また、感謝、許し、慈しみ、人生における覚悟（コミットメント）へと発展していきます。

逆に、ここでのストレスが大きければ、のちの周期で、人との距離感がつかめなくなり、一方で、「依存」や「行きすぎた感情移入」、一方で、「孤立感」や「深い悲しみ」にさいなまれることになります。また、十分に自分が満たされないまま人をサポートし続け、やがて疲労困憊し、結果、相手を非難してしまうことを繰り返すことにもなりかねません。動悸、血液やリンパの循環、それによる手足の冷え、血圧、また免疫の異常などに現れます。

**言葉がけ　「うれしいね」「ありがとう」「ごめんなさい（親の態度を示す）」など**

**4〜5歳：学び　意志力、自信、社会性を。**

内分泌線では「膵臓《すいぞう》の内分泌機能」の成長に関与、また「肚《はら》がすわる」肚に位置する太陽神経叢《そう》の発達へも。

ここでの学びは、のちの周期において、自己評価、価値基準、個人の尊厳、決めたことに対する責任、批判を乗り越えること、怒りの浄化の仕方、過去の体験から学び、今に活かしていく力へと発展していきます。

逆に、ここでのストレスが大きければ、のちの周期で、自制力や忍耐力が弱くなり、うまく行かないことを相手のせいにしてしまったり、世の中や社会の不完全に対する怒りとして感じたりします。慢性の胃弱、消化不良、高血糖なども。

**言葉がけ　「○○ちゃんはどう思う?」「あなたの意見はどう?」など**

**5～6歳：学び　感受性と創造性、危機管理。**

内分泌線では「卵巣」、「精巣」、そして、「腎臓の内分泌機能」の発達に影響。

ここでの学びは、のちの周期において、笑顔力、人生を楽しみパワフルに生きること、人に刺激を与え、感化する力。人をワクワクさせる力。人生の楽しみ方、恋愛力やセクシャリティ表現力へとつながります。しかし同時に敬意や尊敬、畏まること、礼儀や規範への配慮もできるようになります。

逆に、ここでのストレスが大きければ、のちの周期で、恐れが強く、誰かに支えてもらっている、愛されているという気持ちが希薄になりやすい。現実逃避、生殖器の疾患、腰痛、頻尿や膀胱炎、手足の冷えなどに現れます。

**言葉がけ**　**「一番大事なのはこの中でどれかな?」「わくわくするね」など**

## 6〜7歳：学び　小学校に上がることで感じる「アイデンティティ」。

内分泌線では、のちの「副腎」の機能に影響。

ここでの学びは、のちの周期において、集団の中での自分の居場所、コンフォートゾーン（安全圏）の確保とそれをもとにした個人の着実な成長力、そしてその先に、状況適応力、ある枠組み（フレーム）で捉えられている物事を、そのフレームをはずして違う枠組みで見ていくことのできるリフレーミング能力へと発展していきます。

逆に、ここでのストレスが大きければ、のちの周期で、中途半端でやり遂げられないか燃え尽き症候群のように限界まで走り続けるようになったり、うつ傾向、不眠、アレルギー、慢性の炎症などに現れます。

**言葉がけ**　**「よくやってるよ!」「頑張ってるね!」など**

以上は、私の2万件以上におよぶカウンセリング臨床経験に基づく、あくまで私的な考察ですが、0〜7歳までの「潜在的な学び」が周期性をもって反復される例は、私以外の他の心理療法においてもよくケーススタディが散見されます。

「7年周期」（女の子）が基本ですが、男の子はこれに少し遅れて成長していく傾向があり、女の子が、0歳から7歳誕生日までの丸7年間で経験する学びを、1．1〜1．2年で習得するため、7つの学びを、ちょうど8年間かけて終了します。ですので、0歳から7歳の次の年の8歳までの一年間が、「7つの学びの補習の1年」で、女性よりも1年遅れの成長となります。

たしかに顕在的な（見た目の）カラダの成長は、男の子の方が早いし大きいかもしれません。しかし目に見えない潜在的な成長では女の子にはかないません。小学校4年生や5年生なら同学年で比較した時のココロの成長度合いは、総じて女子が一歩も二歩も先を行っている感があります。また成人して結婚する時も、女性が2〜3歳年下が多いのは、その方がつり合いがとれるからかもしれません。周期の反復性を見る時は女の子は「7年周期」、男の子は「8年周期」で追いかけてみてください。

## Lesson 16 内分泌器官と感覚の発達をサポートする

前項で、各年齢において紹介した「内分泌腺」について、考察していきましょう。

内分泌腺は、女性ホルモンや甲状腺ホルモンなど、子供の成長にとって極めて大事なのですが、とくにその働きは、「潜在意識からの影響を受ける」と言われています。

新生児は1日17時間以上眠りますし、赤ちゃんは寝るのが仕事です。

眠りとは、目を開くと刺激の多すぎる「現象界」からの情報を少しずつ持ち帰って整理する場所と言えるかもしれません。子供は現象の世界のことを潜在意識に移して学習するのだとしたら、0歳〜7歳までの子供にとって「しっかり眠ること」も大切な成長の一部。

そして、それが各年齢期に示した内分泌腺の働きに影響するといって過言ではありません。

さて、もう一度おさらいしておきましょう。

0〜1歳、松果体＝頭頂部
1〜2歳、脳下垂体＝眉間
2〜3歳、甲状腺＝のど
3〜4歳、胸腺＝胸部
4〜5歳、膵臓《すいぞう》（内分泌腺）＝肚
5〜6歳、卵巣・精巣、腎臓（内分泌腺）＝骨盤
6〜7歳、副腎

赤ちゃんは、およそ1年（遅くとも1年3か月）で「立つ」ということをします。頭を持ち上げ、首が座り、ひじをつかってつっかい棒のように上体を持ち上げ、ひとり座りをし、這い這いをし、つかまり立ちをして、やがて何も持たずに両足で立ちます。それは、頭部から始まり、下へ下へと下がっていく方向を持ちます。

頭から首、胸部、腹部、骨盤、そして足へと、徐々に及んでいく「意志の浸透」とも言えます。潜在意識の反映する内分泌腺の発達も、頭部から尾骨まで、7年かけて、それを追体験していくということです。

## 0〜1歳、松果体＝頭頂部

生まれたばかりの赤ちゃんは、頭頂部の頭蓋骨が閉じておらず、やわらかくなっています。このやわらかい部分は「大泉門」と呼ばれていて、拍動にあわせてペコペコしたりします。生後9〜10か月までは大きくなりますが、16か月くらいには皮上から触知できなくなり、完全に閉鎖するのは個人差がありますが、およそ2歳すぎです。

脳の頭頂部に位置する体性感覚野は、**「触覚・皮膚感覚」**センサーでもあります。

0歳児は、親や保育者から皮膚接触により、この世に生きている感覚を強めていきます。

## 1〜2歳、脳下垂体＝眉間

眉間の奥には、脳幹部があります。視床下部《ししょうかぶ》や脳下垂体《のうかすいたい》といった自律神経とホルモンバランスなどを統括する生命維持にとって大切な脳の集まりです。生きていく上で根源的な欲求が生じ、欲求と理性とをバランスさせる場所であり、また右脳と左脳をつなぐ脳梁《のうりょう》の位置する場所です。眉間には表と裏、右と左のバランスが宿ります。眉間の奥の第3の眼。ここに情報を送るのは鼻です。真実を嗅ぎ分けるとか嗅覚が鋭いとか言うように、脳幹部を正常に育てるために、1〜2歳児は、**「嗅覚」**を発達させます。視覚や聴覚と違い、嗅覚は何の加工もなくダイレクトに脳に伝わります。自分にとって安全なもの、そうでないものを見極める能力は、この時期に身につけてゆくのです。

## 2〜3歳、甲状腺＝のど

甲状腺は、のどに位置し、新陳代謝を調整するホルモンが分泌されるところです。甲状腺のホルモンは、子供の頃には筋肉や骨を成長させる「成長ホルモン」として働いてもいます。

脳から出る神経というのは、のどの辺りで交差し、右脳信号は左半身へ、左脳信号は右半身へ投射されます。のど・首は、「交差し、投影する場所」として重要な働きをしますが、2〜3歳の子供はたしかに靴を履く時、よく右と左を反対にします。わざとではなく、左右がまだ未完成なのです。

2〜3歳児は、歩くのも走るのも上手になり、あちらこちらへ動き回る時期。**「方向感覚」**を養う時期です。方向とは、日が昇り、日が沈む方向を起点とします。この時期はぜひ子供を連れて、朝日と夕日を見る機会を増やしてあげてください。

## 3〜4歳、胸腺＝胸部

胸に手を当て「私」と表現します。胸の位置は「私」の生じる場所なのです。心臓、肺、乳房、そして、胸腺。胸腺とは胸骨にくっついていて、心臓より前に位置する免疫器官です。胸腺で免疫細胞（Tリンパ球）が育てられます。免疫とは、自分と自分以外のものの違いを認識すること。そのためにまず「自分とは何か？」を知ることが求められるのです。

私は、胸部と**「平衡感覚」**とは密接なつながりがあると考えています。平衡感覚というのは、物理的には「重力」を前提とした感覚です。3〜4歳児の平均台でのトレーニングは、大人になってのめまいや乗り物酔い、あるいは、心理的な重圧へ対抗しうる力を磨くことができると考えています。人はさまざまなプレッシャーの中で「私」を確立していく力を備えていますが、その素地が3〜4歳に最初に現れるのです。

## 4〜5歳、膵臓《すいぞう》（内分泌腺）＝肚

肚《はら》……胃、小腸、大腸、肝臓、膵臓といった大事な消化器官がおさめられた場所です。人は周囲の状況を、先に「肚《はら》」で感知し、その後で、脳での価値判断処理をすると言われます。好きか嫌いかという判断は、脳より先に、すでにおなかで行っているのです。おなかでの直観的判断を無視して、脳での合理的判断ばかりを優先させていると、やがて、腹部へのストレスが蓄積していくのです。

消化器系の入り口は、舌＝**「味覚」**です。どれだけいい食材で、どれだけ手の込んだ料理を食べても「唾液」が出なければ、味はわかりません。ぱさぱさした状態で何を食べても、おいしくありませんよね。そう、味は、食べるものについているのではなく、こちらの口の中で唾液がつけるものなのです。肚のすわった度胸ある子供に育てるためにも、この時期、よく噛んで食べることを教えましょう。

### 5〜6歳、卵巣・精巣、腎臓（内分泌腺）＝骨盤

骨盤は仙骨、腸骨、恥骨、寛骨などで構成されていて、女性だと子宮、卵巣、卵管、膀胱、直腸、男性だと前立腺、精嚢、膀胱と直腸がおさめられています。仙骨と腸骨とで「仙腸関節」をつくり、カラダの安定性と下半身の可動性を担っています。また脊髄と脳を循環する脳脊髄液の循環にも大きな影響を及ぼしています。骨盤には、セクシャリティの抑圧、インナーチャイルド（幼少期の記憶、感傷）といった課題がの

ちに現れやすいです。

大きな声や音は生殖器や腎臓に怖れのストレスを蓄積します。また東洋医学的なつながりでみると、腎臓の五官の入り口は「耳」です。5～6歳児は、聴く力を伸ばします。**「聴覚」**の本質的な使い方を発達させようとするのです。

観音様は、「音を観る」ことのできる菩薩様。言葉や音楽、鳥のさえずり、川の流れる音、木の葉の擦れ合う音にも、そこに込められた「ココロ」を読み解くこと。反対に、音や人の言葉の使い方の「違和感」にも敏感です。抑揚のある声かけや、音楽に触れさせることも大事な時期です。

## 6～7歳、副腎

副腎のある場所はどこかと言うと、背中にある両方の腎臓の上にちょこんとのっています。副腎は、副腎皮質ホルモンを出すところとして有名です。私たちのカラダに備わっている天然の副腎皮質ホルモンには、血糖を上昇させたり、タンパク質代謝を促進したり、ストレスに打ち勝つという作用、そして、強力な抗炎症作用を持っています。この作用を人工的に再現したものが、かの有名な副腎皮質ホルモン剤（ステロイド剤）です。皮膚炎、リウマチ性関節炎、ぜんそくなどの治療に用いられるわけですが、本来は、私たちのカラダには抗炎症、抗ストレス作用が常に働いてくれているのです。副腎についてもうひとつ押さえておきたい点は、「女性にも男性ホルモンは出ており、男性にも女性ホルモンは出ている」という事実です。これらはどちらも、副腎でつくられるのです。

副腎皮質ホルモンも、女性ホルモン、男性ホルモンも「ステロイド環」をもつ仲間です。これが象徴するように、6～7歳の頃の男の子、女の子の違いへの明確な意識が、副腎の成長に作用するのです。これは長じて、パートナーシップや、異性との距離感というテーマにもつながっていきます。

6～7歳のお子さんには、男の子なら母親との会話と適正な距離感を、女の子なら父親との会話と適正な距離感を。異性間の親子が2人で過ごす時間を増やしましょう。

副腎機能と密接な関係にある感覚はぬくもりを感じる**「温度感覚」**です。

# Lesson 17 ココロの成長はスパイラル・アップ

さて、本章の冒頭で取り上げました「0〜7歳のバーズ・アイ・ビュー」を思い出しましょう。女の子は7年周期、男の子は8年周期。この周期を具体的な年齢表にしてみました。

**●女の子―7年周期**

0歳↓ 7歳↓ 14歳↓ 21歳↓ ……
1歳↓ 8歳↓ 15歳↓ 22歳↓ ……
2歳↓ 9歳↓ 16歳↓ 23歳↓ ……
3歳↓ 10歳↓ 17歳↓ 24歳↓ ……
4歳↓ 11歳↓ 18歳↓ 25歳↓ ……
5歳↓ 12歳↓ 19歳↓ 26歳↓ ……
6歳↓ 13歳↓ 20歳↓ 27歳↓ ……

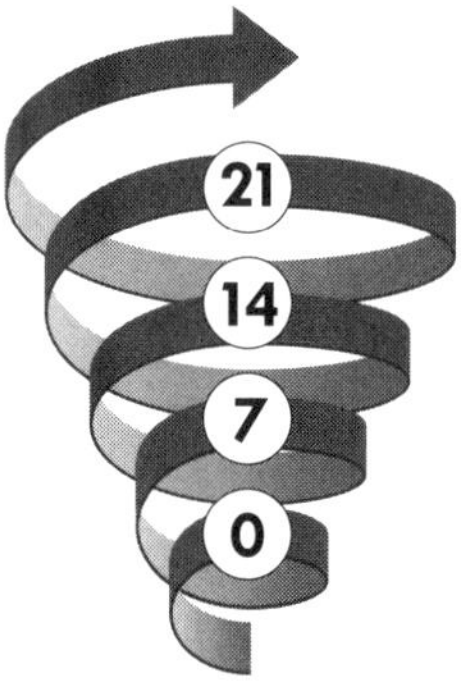

## ●男の子―8年周期

0歳↓8歳↓16歳↓24歳↓……
1歳↓9歳↓17歳↓25歳↓……
2歳↓10歳↓18歳↓26歳↓……
3歳↓11歳↓19歳↓27歳↓……
4歳↓12歳↓20歳↓28歳↓……
5歳↓13歳↓21歳↓29歳↓……
6歳↓14歳↓22歳↓30歳↓……
7歳↓15歳↓23歳↓31歳↓……

女の子は、0～6歳までに内在されたココロの傷は、7年周期で、たとえば1歳の時のものなら、8歳、15歳、22歳……にその解消を求めて同じようなココロの体験に向き合わざるを得ないようなことが起こりやすいです。

男の子ならこれが8年周期なので、1歳の時のものなら、9歳、17歳、25歳……になります。

この周期表は、カラダは大きくなってもココロの成長が、周期的（スパイラル状）に起こることを示しています。

**●女の子―潜在的な学び（7年周期）**

| | | | | |
|---|---|---|---|---|
| 0歳 | 7歳 | 14歳 | 21歳 | 生活リズム、まわりとの関わり方をチューニングする |
| 1歳 | 8歳 | 15歳 | 22歳 | 視野が広がり、物事を見通す力、バランス感覚を学ぶ |
| 2歳 | 9歳 | 16歳 | 23歳 | 行動範囲の広がり、新しいコミュニケーションを学ぶ |
| 3歳 | 10歳 | 17歳 | 24歳 | 自己愛、ほめられること、喜び、人生への覚悟を学ぶ |
| 4歳 | 11歳 | 18歳 | 25歳 | 他者愛、イメージ力、自己評価、価値、社会性を学ぶ |
| 5歳 | 12歳 | 19歳 | 26歳 | 感受性、創造性、言語、性差、礼節と危機管理を学ぶ |
| 6歳 | 13歳 | 20歳 | 27歳 | 個人の成長力、集団の中でのアイデンティティを学ぶ |

### ●男の子―潜在的な学び（8年周期）

| | | | | |
|---|---|---|---|---|
| 0歳 | 8歳 | 16歳 | 24歳 | 生活リズム、まわりとの関わり方をチューニングする |
| 1歳 | 9歳 | 17歳 | 25歳 | 視野が広がり、物事を見通す力、バランス感覚を学ぶ |
| 2歳 | 10歳 | 18歳 | 26歳 | 行動範囲の広がり、新しいコミュニケーションを学ぶ |
| 3歳 | 11歳 | 19歳 | 27歳 | 自己愛、ほめられること、喜び、人生への覚悟を学ぶ |
| 4歳 | 12歳 | 20歳 | 28歳 | 他者愛、イメージ力、自己評価、価値、社会性を学ぶ |
| 5歳 | 13歳 | 21歳 | 29歳 | 感受性、創造性、言語、性差、礼節と危機管理を学ぶ |
| 6歳 | 14歳 | 22歳 | 30歳 | 個人の成長力、集団の中でのアイデンティティを学ぶ |
| 7歳 | 15歳 | 23歳 | 31歳 | 7つの学びの補習の1年 |

第1章でふれた「内在的な学び」の観点でみれば、私たちは周期的に同じような学びをしています。この表をよく見ながら、あなたが、あなたの子供にどのタイミングでどんなアプローチができるのかを考えてみてください。

## COLUMN

## 世界が注目する15分がやってくる

昔、小学校の頃の先生が、こんなことを言っていたことを思い出しました。

**世界中のどんな人にも一人一人、**
**もっとも輝き、もっとも注目され、**
**もっとも称賛される１５分というのが**
**必ずくるんだ。**
**でもそれは、いつくるかわからない。**
**その時のために、**
**ありったけ自分を磨いておくんだよ。**

どういういきさつで、何を根拠にしてのお話だったか、なんで１５分なのか、
さーっぱりわからなかったのですが、
**どんな人にも世界が注目する15分がやってくる……**
という言葉だけが、私の記憶の奥深いところに刻まれ、数十年たった今も、それが時々浮き上がってくるのです。理由はどうあれ、なんかいいじゃないですか、夢があって。

この先生、思い起こせば、とても変な先生でした。宮沢賢治が好きで、理科の授業なのに、銀河鉄道の夜なんかよく朗読していました。課外授業ばっかりで、天気のいい日は生徒みんなを運動場に連れ出し、ミミズの観察や虫の観察、女子がきゃーきゃー言って、そういう女子たちには季節の花の観察。
学習指導要領を大いにはみ出してるんじゃないですかって父兄からクレームをもらって、校長先生にもよく呼び出されていました。でも、ほかの先生の記憶は色あせているのに、この変な先生の記憶だけは鮮やかなんです。
そんな先生の、どんな人にも世界が注目する１５分がやってくる……という言葉。それがもし本当だとしたら、あなたのその１５分はもう来ましたか？　それともまだですか？　あなたのお子さんと一緒に、お互いの１５分はどんなものなのか、想像してみましょう。そして、その時のために、自分をとびきりに磨いておきましょう！

## 第二部

# 今しかできない、<br>ここ一番の言葉

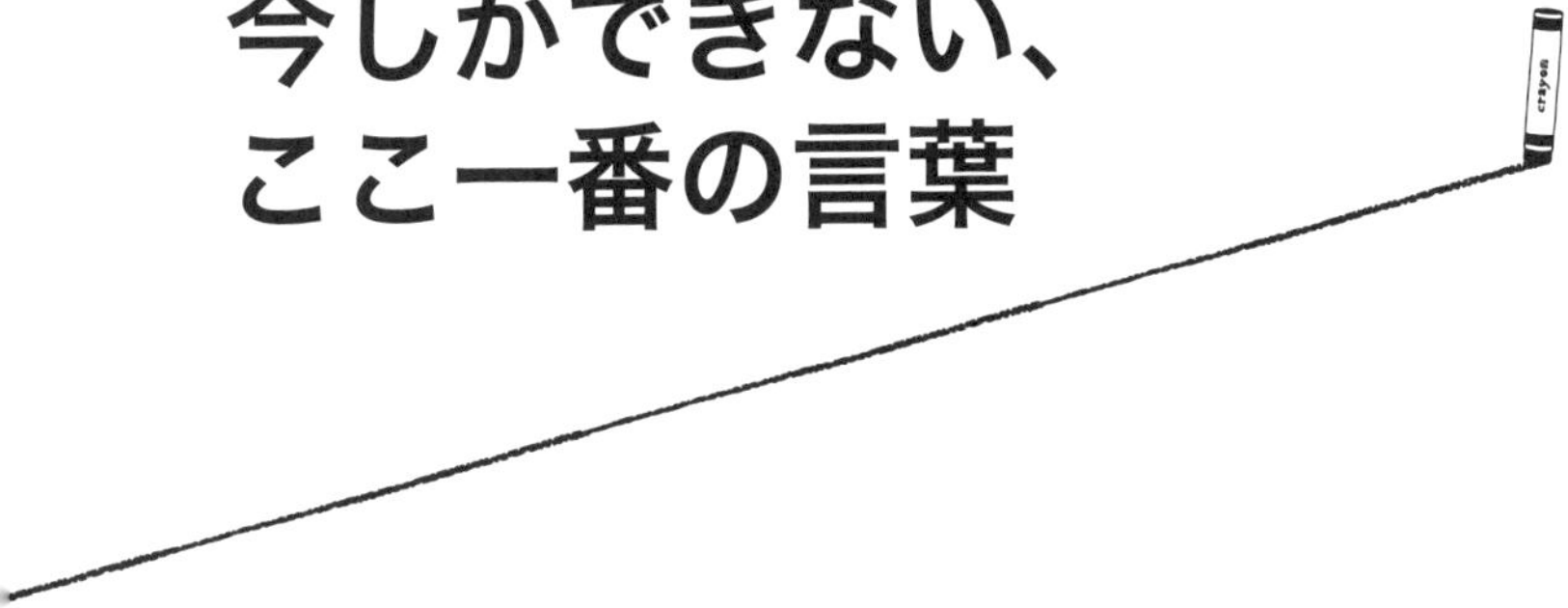

あなたの強さは、
あなたの弱さを
認めることから育っていく

ジークムント・フロイト

# 第六章　7つの「ほめる」ポイントと質問の力

# Lesson 18 ほめるポイントをたくさん見つけよう

イメージ力のついてくる4歳から、思考力が飛躍的に発達する9歳までの間に、親ができるすごく大事なことは、どれだけ「子供をほめる場面」をつくってあげるか、です。ほめ方は、伝え方やテクニック以前に、まず子供のその行動に気づけるかどうか、小さなことでもよく見てあげているかどうか、です。

そこを見つけて

「すごいね」「やるねぇ」「天才じゃない？」「さすが」「感動したよ」

と、惜しげなく言ってあげることです。9歳まで、母親や父親の評価は第一優先事項なのです。大人が子供の小さな行為をクローズアップして、ほめるという行為でいわばロックオンしてあげることで、子供はその場面をスローモーションのように引き伸ばして記憶に残します。効果的に注目してあげることは、子供にとって、才能の発芽になり、場合によっては、生涯にわたってのよりどころとなるのです。

では、具体的にどういう場面に気づいてあげればいいのか。それを細かく挙げていきましょう。

**７つ＋１の力を大きく伸ばすほめ方**

| | | |
|---|---|---|
| 編集力 | 共感力 | 伝達力 |
| 観察力 | 子供 | 達成力 |
| 質問力 | 記憶力 | 傾聴力 |

1 共感力　2 傾聴力　3 観察力　4 記憶力

5 編集力　6 伝達力　7 達成力

そして

8 質問力

## ❶共感力とは・・・

最近の脳科学研究においては、「共感回路」は、私たちの脳の根幹部分である「視床下部」に根差していると言います。

これは、怒りや恐れ、不安や悲しみといった基本的情動と同様、「共感」も、私たちの生命維持に深く関与した情動反応であることを意味しています。

そして、この共感回路が作動するには、6～8秒の時間が必要なのだそうです。

つまり、あまりにスピードが早いメディア情報にならされていると、共感能力が低下し、自律神経、ホルモンバランスに乱れが出てしまう可能性もあるということです……。

ゆっくり目を見て話を聴き、気持ちをしっかり受け止めてもらうだけで、子供はなんだか癒やされます。しかしこれは同時に聴く親にとっても、共感能力が作動し、それは、視床下部を鍛えることにつながるのです。

**「共感力」**の芽をほめて引き出す

どの場面をロックオン？

●よく笑ったり感動したりで感情豊か

●集団行動が苦にならない

●ハグやスキンシップが好き

●まわりの人から「親切だね」とよく言われる

●自分の意見をはっきり言える

●自分より他者を優先できる

●相手の立場を尊重したり、気持ちを共有できる

●動物や植物などの気持ちを想像できる

↓

**「やさしいね」「気持ちが読めるんだね」**

**「○○ちゃんのおかげでママ（パパ）もとっても楽しい気分になるよ」**など

## ❷傾聴力とは・・・

なんでも否定せずに聴いて、

「そうですか、○○という気持ちになったんですね」

と穏やかにオウム返しするような傾聴法から一歩進んで、
ふーん、そうなの？

ふむふむ、はぁなるほど、
ほー、へー、えー、それはすごい！

というような相槌《あいづち》で、抑揚をつけて相手のココロを盛り上げながら、テンポよく質問を繰り出し、いつの間にか相手との信頼関係を築いてしまう聴き方。これをアクティブ・リスニングとも言います。

親が子供にする質問は、質問ならぬ「詰問《きつもん》」になってしまいがちですが、質問は、いつでも「相手のため」。質問者（＝親）のためではないという認識が大切です。質問者が情報を取りに行く質問と、相手が聞いてほしいことを聞く質問と……ここには微妙だけど、傾聴力を育てる上で、ものすごい差が出るのです。

**「傾聴力」** の芽をほめて引き出す

どの場面をロックオン？

・聞いたことを一度で理解できる
・人の話を最後まで聞ける
・頼まれたことを聞きもらすことがない
・その場に応じた声のボリュームで話せる
・いったんした約束事を守れる
・動物の声をよく聞き分けられる
・足音だけで誰が来たのかわかる
・車のエンジン音の種類が区別できる

←

**「よく聴いてるね」**

**「よくそんなことがわかるね」**

## ❸観察力とは・・・

観察……物事の様相をありのままにくわしく見極め、そこにある種々の事情を知ること。

この観察力を小さな頃から育てておくと、それは次の3つのSTEPへの成長を促します。

考察……物事を明らかにするために、十分に考えること。

推察……物事の事情や他人の心中をあれこれ考え思いやること。

洞察……鋭い観察力で物事を見通すこと。見抜くこと。また、新しい事態に直面した時、過去の経験によるのではなく、課題と関連させて全体の状況を把握することにより課題を解決すること。見通し。あるいは、自己の行動パターンを意識化し、その原因や意味を理解すること。

世の中を深く理解するための「察」の4STEP。その最初の観察力は子供の目をしっかり見つめてあげることで促進します。「ものをよく見なさい」と言うより、「じゃ、今から1分間。目を合わせてみよう」と、親子で目と目を合わせて見つめ合う習慣を持つと、子供の観察力は飛躍的に伸びます。

**「観察力」**の芽をほめて引き出す

どの場面をロックオン？

●キャラクターをそっくりにうつしたようにかける
●地図が読める
●文字がきれい
●絵が上手、色づかいが上手
●一回出会っただけで人の顔を覚えてしまう
●ふき掃除や片付けが上手
●洗濯物や洋服をきれいにたためる
●はじめての場面でもオドオドしない
●モノマネが上手

↓

**「よく見てるね」**
**「するどいね」**

## ❹記憶力とは・・・

人の脳は起きた出来事のすべてをインプットしていると言われています。本人は忘れているだけで、実は起きたことのすべてが脳に記録されているのです。だから、記憶の良し悪しとは「覚えていない」のではなく、「思い出せない」が正解。

図書館の本はジャンル別にきちんと収納され、インデックスがついていますので、欲しい本はすぐに見つかります。記憶も同じ。インデックスをつけて整理された記憶は、すっと取り出すことができます。

では、どうすれば「記憶」にインデックスをつけ、分類収納して、引き出しやすい状態にすることができるのでしょうか。

記憶力のよい子は、情報をしまう際の工夫を持っています。それはカラダをうまく使ったり、感情をうまく使ったり、それぞれですが、何らかのパターンをもって、記憶をしまう際のインデックスと関連付けているのです。

この時はこうする、こういう場合はこのようにふるまう、この時間に必ずすることがある。記憶力を伸ばそうと思ったら、毎日する儀式（ルーティーン）のようなものを身につけさせることです。

**「記憶力」**の芽をほめて引き出す

どの場面をロックオン？

- 一度、聞いたことを忘れない
- 何かルーティーンを持っている
- けっこう先の予定まで覚えている
- 自分なりの予定を立てている
- 特定の分野がとてもくわしい（鉄道、路線図など）
- 早寝早起き習慣
- 勉強と遊びのけじめがつく
- ルールをよく守る

←

**「集中力があるんだね」「そこまでするのはすごいね」**

**「よくわかってるね」**

## 5 編集力とは・・・

本の編集などで求められる能力は、文章が散漫にならないように、意図を持って順序立てること。読み手に読みやすい構成を提供すること。

一連の情報や文章群、会話やコミュニケーションにおいて、何がもっとも重要かを抽出でき、その優先順位において、言葉を並べ替えたり、まとめたりする力は思考の編集力と言えます。

編集は、ふだんからさまざまな表現・言葉に触れ、自分なりの言葉を豊富に仕入れていないとできないこと。また、全体の流れを読み取り、それにふさわしい言葉を即座にマッチングするセンス。コメント力にもつながります。

編集力が身につくと、どこにいてもある種、独特な存在感を放つようになります。

子供の知識はぐんぐん伸びますので、どこからその言葉を知ったのかと、大人はいつも驚かされます。その驚きを素直に伝え、子供の知的好奇心を促しましょう。

**「編集力」**の芽をほめて引き出す

どの場面をロックオン？

●作文がスラスラ書ける
●その場に合った適切な態度がとれる
●読書好き
●言葉の言い換え
●推理、推察ができる
●会話上手
●新しい知識に興味がある
●のみ込みが早い
●理由や仕組みを知りたがる

←

**「よく調べたね」「それはすごくいい言い方だね」**
**「なるほど、そうか」**

## ❻伝達力とは・・・

言った言わない、伝えたはず、ちゃんと聞いてないから、という事態は、まずお互いの関係にしっかりとした「ラポール」が築かれていないことが問題です。ラポールとは、臨床心理学の用語で、セラピストとクライアントとの間の親密な心的状態を表します。その語源はフランス語で「橋をかける」という意味です。

相手と自分との間にココロの橋が架かっている状態、すなわち、ココロが通じ合い、相互を信頼し合って安心して自由にふるまえたり、感情の交流を行える関係が成立している状態を表す語として用いられます。

人は同じことでも、聞きたいように聞き、自分の知りたいような解釈をする傾向があります。Aさんが伝えたいこととBさんが聞きたいことは往々にしてずれるということは容易に起こりうることです。それを承知の上で、自分のリズムに相手を引き込む会話力は、稀有な能力です。リズム感があり、元気で明るい印象を相手に与える力は、それだけで優れた能力です。リズム感、明るさ、勇気をもって話しかける力は大げさなくらいにほめてあげましょう。

「**伝達力**」の芽をほめて引き出す

どの場面をロックオン？

●会話のテンポがよい
●歌やダンスが上手
●あいさつができる
●状況説明がうまい
●言葉やイメージが豊か
●本番に強い、発表が得意
●人前でもあまり緊張しない
●アドリブがきく
●言ってはいけないことはこらえることができる

←

**「面白い！」「元気が伝わってくるよ」「気持ちが伝わるよ」**

**「とてもわかりやすいよ」**

## 7 達成力とは・・・

一緒に喜んでくれる人がいることほど、充足感を感じることはありません。親が子供のやり始めたことに共感し、集中してやり遂げようとしている姿を励まし、ゴールを迎えた時の喜びを分かち合えたなら、その子の目標達成力はぐんと伸びることでしょう。

小さい頃からの子供の「できたこと」を想像してみましょう。

お箸、歯みがき、顔を洗うこと、髪を洗うこと、トイレが自分でできたこと、ズボンをはじめてはいたこと、ボタン、ホックをはじめて自分でできた時、服をたたんだり、紐を結んだりも、はじめての時は高度な技でした。

鉛筆、消しゴム、定規、はさみ、コンパスの使い方もひとつひとつマスターしてきました。鍵盤ハーモニカやリコーダー、すべり台も、ブランコ・鉄棒・跳び箱も。でんぐり返し、縄とび、ドッジボール、そして、自転車。

大きくなったら当たり前のことも、小さな子供にとってはすべてが挑戦。そして、達成してきたことでした。「まだまだ」とできていないところを指摘するのばかりでなく、できていることに目を向け、そばで喜びを共有できる親でいましょう。

「**達成力**」の芽をほめて引き出す
どの場面をロックオン？

●今までできなかったことができた
●予定どおり行動した
●プラモデルを完成させた
●はじめてのおつかいに行けた
●貯金して買いたいものを買った
●目標のテストの点をとった
●好きなことに集中して取り組む
●自分で決めたことは最後までやりとげる
●夢を語る

←

**「よく頑張ったね！」「やったね！」**

**「ママ（パパ）も本当にうれしい」**

## Lesson 19 質問の力

叱って言い聞かせて「外側から」変えるのではなく、本人の「内側から」変わっていく方法……。それはいったいどんな手段でしょう?

脳は、意識せずにいると、こっちとあっちをつなぐ冒険を避けて、安易なショートカットばかりを選択しようとします。だから定期的に「適正な混乱」をさせてやる必要があるのです。

子供はよく、こう聞いてきます。「社会に出たら役にも立たない因数分解をなぜやらなければならないの?」とか、たしかに実生活で使わないだろう「鎌倉幕府の年号をなぜ覚える必要があるの?」とか。

半分その通りであり、しかし半分は子供の言い訳ですが、たとえば九九を覚えるのにうんうんうなるのも、これは脳のトレーニングと言えます。脳は混乱すると秩序を求めて、今まで使ったことのない回路をつなごうとします。そうしてはじめて、ひらめきやアイデア、気づきが生まれるのです。

では、日常においてどうやれば、正しく脳を混乱させることができるのでしょう？

それが「質問の力」です。

かのアインシュタインは、「重要なことは、質問することをやめないことだ」という言葉を遺しました。

たとえば、「宇宙ってなんだろう？」というような、大きなテーマから、「どうして犬より猫が好きなの？」という身近なテーマまで、素朴な疑問を言葉にしてみることから始めてみましょう。

人は、質問されると、改めて考え始め、「自分の言葉で」思考するものです。

そしてまた、誰かに質問することは、質問する人にとっても「自分の内側にもそれを投げかける」ことにつながります。

子供に何かを問いかけることは、子供の思考を深めるだけでなく、親の思考も深める作用があるのです。

そして、いつもなら、「ふーん」で済ませている相手の話に対して、改めて、まっさらな気持ちで立ち止まって傾聴してみましょう。

（ふんふん、なるほど……）（へー、そんなふうにとらえるのか……）

すると、素朴な疑問が生まれてきます。

「なぜそんなふうに考えるの？」

「いつからそういうふうに考えるようになったの？」

あくまで素朴さが大事です。

それを日常の子供の言動にも応用し、

「どうしてここにかばんを置いたの？」

「どうしてその時イラッとしたの？」

などと質問してみます。


その時の大事なポイントは、ニッコリと口角をあげること。

間違えてはいけないのは、

「どーしてこんなことするのかしらねっ！」

という「質問形をとった攻撃」をしてはいけないということ。

あくまでも、ココロの底から湧き出てくるニッコリ笑顔付きの素朴な質問を投げかけるのです。

こちらの素朴さは相手の警戒心を解除します。

そしてその時、子供は自分の言葉で考え始めるのです。そうやって、口をついて出てくるのはまさに「自分の言葉」なのです。そこで、子供も自分の言葉に新しい発見をするでしょう。あ、自分でも気づかなかった、と。

質問をする時の最大のポイントは、質問する側のココロが、素朴で素直であること。揚げ足を取ることを意図していたりとか、秘密を暴きたいとか、自分が有利になりたいとか、そうしたココロが少しでもあると、質問の意図は一気にゆらぎます。

子供に何かを尋ねる時は、素朴で素直な自分でいる。最大限、子供の思考や感情に興味と関心をもつ。

その姿勢が、親子関係をより深く、親密度の高いものにしてくれるのです。

## Lesson 20 親から子へ「素朴な質問」トレーニング

●いつも宿題を後まわしにするのはどうして？ （口もとニッコリ）

●忘れ物をするのはどうして？ （口もとニッコリ）

●授業中に席を離れてしまうのはどうして？ （口もとニッコリ）

●答えがわかっていても発表しないのはどうして？ （口もとニッコリ）

●片づけをしないのはどうして？ （口もとニッコリ）

●話をしている時に相手の目を見ないのはどうして？ （口もとニッコリ）

●家庭では普通に話すのに学校では話せないのはどうして？ （口もとニッコリ）

●そういう言い方をするのはどうして？　（口もとニッコリ）

●ルールを守らないのはどうして？　（口もとニッコリ）

●並んでいるところに横入りをするのはどうして？　（口もとニッコリ）

●集合時間に遅れるのはどうして？　（口もとニッコリ）

●質問に答えないのはどうして？　（口もとニッコリ）

●人の話に割って入るのはどうして？　（口もとニッコリ）

●あいさつをしないのはどうして？　（口もとニッコリ）

●早寝・早起きをしないのはどうして？　（口もとニッコリ）

●よく学校に遅刻しそうになるのはどうして？　（口もとニッコリ）

●ゲームを約束した時間に終了しないのはどうして？　（口もとニッコリ）

●欲しいものを「買って！」と強く言うのはどうして？　（口もとニッコリ）

●決められたことに参加せず、一人だけ別のことをするのはどうして？　（口もとニッコリ）

●友だちの輪に入らず一人で遊ぶのはどうして？　（口もとニッコリ）

●前後反対に服を着ているのはどうして？　（口もとニッコリ）
（くつを左右逆にはくのはどうして？）
（漢字のへんとつくりを逆に書いてしまうのはどうして？）

●食べ物の好き嫌いが多いのはどうして？（口もとニッコリ）

※質問する時のポイント
・「事実」をできるだけ伝えること
・「あなたがそうしている」という主体性が伝わること
・それはあなたの気づき次第で変えられる行為だということが相手にわかること

どんな質問もニッコリ笑顔つきで。

この質問はさらに、後述の「ｉｂマッピング」を使うと、そこから深い心の交流が生まれます。

## Lesson 21 負のアプローチについて

小さい頃の親子関係というのは、ある意味で密室です。親の無意識の言葉やしぐさ、態度といったものは、想像以上に子供のココロに痕跡を残します。

私たちは、もちろん大人になったって、ココロの悩みにさいなまれます。たとえば、

「どうせ私は、私なんか」（無価値感）
「ああなったらどうしよう、こうなったらどうしよう」（不安感）
「自分には何のとりえもない」（劣等感）
「まだまだ、全然ダメだ、もっと頑張らなければ」（不達成感）
「気に障ったらどうしよう／クレームが怖い／私のせいだ」（罪悪感）
「（上から目線な言動）／私が、私なら、私の場合……」（自意識過剰）
「今いる環境は、私の本当の居場所ではない」（現実逃避感）

以上のような心理状態は、誰しも心当たりがあるかもしれません。

しかしこれが、育った環境での親からの影響に根差したものだとしたら……？

私がこれまでのカウンセリングの傾向から分析した、7つの心理傾向を生む親の態度の考察です。

①無価値感・・・条件付で受容する親（……できたら、○○点取ったら……）
②不安感・・・ダブルバインド（※）
③劣等感・・・他の子と比較する親（○○ちゃんは、お兄ちゃんなら）
④不達成感・・・「早く」「もっと」「さっさと」が口ぐせの親
⑤罪悪感・・・「あなたのために頑張っているのよ」「これ以上悲しませないで」
⑥自意識過剰・・・過保護な親、「できないはずがない」と過度な期待をする親
⑦現実逃避感・・・家族の中の触れてはならない空気、表面上、平穏を装う家庭

以上のような態度は、およそ7歳から14歳くらいまでもっとも大きく作用します。

今のあなたのココロの傾向も、7～14歳（男の子8～16歳）に形作られたものかもしれません。

## ※ダブルバインド

ここで「ダブルバインド」という言葉を覚えておきましょう。

「もうこの子は！　人をたたいたらダメってあれほど言ったでしょ！」

と子供をたたきながら言うと、子供は「たたいちゃダメ」だという意味が分からなくなります。

あるいはこんなケースもダブルバインドです。

夕食時、「今日、学校で何かあったか？」とお父さん。忙しくても心配そうに子供たちのことを考えていることをアピールします。子供が「何もないよ」言うと「何もないわけないだろう」と。

あ、じゃあ、ということで「友達にこんなこと言われてしまった」と告白すると、お父さんは、いきなり顔色変えて「なんでそんなことになっているんだ」と詰め寄ります。

こうなると、相談していいのか悪いのか子供はわからなくなってしまいます。

ダブルバインドを含む7つの態度は、親は相当意識しないと、ついやってしまいます。自分の子供には、本音を出せる相手だからこそ、職場や近所づきあいでは決して出さない態度も不用意に見せてしまうわけです。

とは言うものの、世の中に「完璧な子育て」などありませんから、多かれ少なかれ、子供はいくつかの「傷」を受けるものですし、逆にそれがその子の才能をを導くこともあります。

親は無意識にでもやってしまった負のアプローチで自分を責めることなく、しかしながらそれをそのままにしておくでもなく、常に子供に対して一生懸命によい関係を「上書き」していこうとする態度が大切です。それを強力にサポートするのが次章から紹介する「ｉｂマッピング」です。

COLUMN

## 「ごめんなさい」が上手な人は健康になる

「ごめんなさい」を上手に使える人には健康な人が多い、というのが私の持論です。これは、何回も言えばいいってことではないんです。「この場面でこう使うのか、それは適切だなぁ」と思わせる使い方ができる人です。

「ごめんなさい」は「ご免」と「なさい」に分解することができ、免《まぬが》れるは、許される、無罪放免されるの意味。一方、「なさい」は、「ごらんなさい」「おあがりなさい」「やめなさい」のように、命令形ですから、ごめんなさいとは、よくよく考えてみると、「私を免れる状態にしなさい、許す状態にしなさい」と上から目線で相手に迫っているのです。

また、ごめんなさいの上手な使い方は、免疫の上手な使い方に通じます。

ご免、という漢字から想像できるのは、「免疫」ですが、「疫」とは、流行病をさし、また疫病神《やくびょうがみ》の疫でもあります。したがって免疫とは、病気を免れる、病の状態から無罪放免になる、病であることから許される、ということです。

このように「ごめんなさい」は、免れ、許される状態、上からの拘束を受けない、自由な立場になるということ。つまり、「私をフリーな状態にしてくださ〜い」という、たいへん好ましい魔法の呪文とも言えるのです。


さて、同じ意味の言葉に「すみません」がありますが、こちらはもともと「澄みません」が語源です。「澄む」とは、濁りや混じりけや穢れのない状態を表し、そこから気持ちが安定して静かな湖面のようにおさまっている状態を指すようになりました。だから、「すみません」は「それでは私の気持ちがおさまりません」と言う意味で、あなたが許しても、このままでは私の気持ちがおさまりませんので何かお詫びをさせてください、という古来日本の独特の情念がこもっているのです。


ところが現代では、ごめんなさいも、すみませんも、ただただ「自分の非を認める」言葉としか認識されていません。

「謝ったら負けだ」という観念を手放し、相手の気持ちを汲み取り、上手に人間関係をスムーズにできる言葉の使い方。そのようなお手本を、ぜひ子供に見せてあげたいものです。

# 第七章 最強の親子コミュニケーション術 ｉｂマッピング

## Lesson 22 問題を問題でなくしてしまうという方法

ある課題が生じた時、解決の方法には二通りの仕方があります。
ひとつは男性的解決方法、
ひとつは女性的解決方法。

男性は、課題が生じた時、その問題に真正面から立ち向かい、独力でより具体的な解決策を導き出そうとします。問題は、自分で解決してこそ問題の価値があるくらいの考え方をしています。

一方、女性が優れているのは、問題は誰かと分かち合うもの、という対処の仕方をとるところです。

何か悩み事があると、誰かにその気持ちを聞いてもらう。すると、気分がすっきりして「問題が問題でなくなってしまう」のです。

女性が男性に相談をもちかける時、よく話がとりとめない展開になったりしますが、男性はその展開にイライラしながら、より具体的に「それはこうしたらいいんだよ」なんてアドバイスをしたりします。でも、これは状況を悪化させます。

女性は悩んでいる気持ちを共有してほしい。男性はひたすら相槌《あいづち》をうち、要所要所で「そうなんだー、そりゃそうだねー」とココロを込めて、合いの手を入れる態度が賢明なのです。

（その際、男性はしっかり聞いている態度を維持すること。上の空の相槌《あいづち》には女性はとても敏感なのです）


ｉｂマッピングは、「問題を問題でなくしてしまう」という女性的解決法を促すツールと言えます。「問題を解決しなければ」と勇んで構えるのではなく、子供と一緒に、その事柄の過程とそのことに対する気持ちや思いのプロセスを共有し、問題に対する一対一の解決策ではなく、一緒に出口をいくつも探していくという方法なのです。

次ページからの解説を読み、その後Ｐ１７２の場面に戻って、子供に対し、どんな質問を展開できるかを考えてみてください。目的は、解決を目指すことではなく、課題を共有する過程で、その問題を「手放していく」ということです。

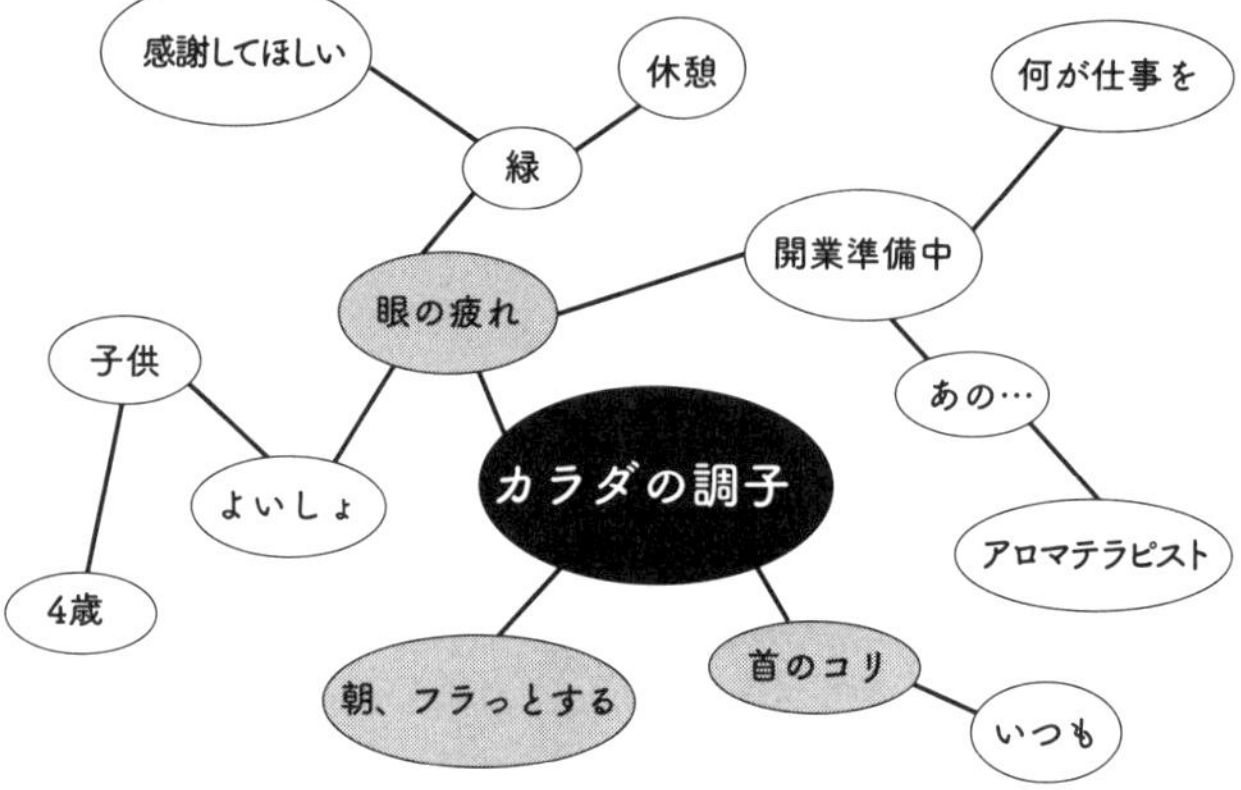


# Lesson 23 ibマッピングというツールを使おう

では、ibマッピングという手法をご紹介しましょう。21年間のカウンセリングの現場で積み上げてきた傾聴・共感の手法を詰め込んだ新しいメソッドです。聞き手、話し手の二人で展開する双方向のコミュニケーションツールとなっています。紙とエンピツさえあれば、誰でもどこでもできます。

簡単に進め方をご紹介しましょう（詳しくはP192〜）。

基本的なフォーマットは、A4の紙の中心に大きな円、そこから派生した3つの円があるというもの。まず中心に、話の導き手がクライアントさんの抱えているテーマを書き込みます。更にそこに関連した、より具体的な3つのサブテーマに分けていきます。その3つの言葉を意識しながら、関連の質問をして、どんどん単語を引き出していきながら○で囲みます。そして、結びつくキーワードを線で繋いでいくのです。作業そのものは実にシンプルです。ただ、ルールがあります。それはクライアントさんが言った言葉そのままを書くということ。また聞いている最中は、内容についての批評やアドバイスをしないことです。あくまでクライアントさんが主体となり、マッピングをとる人は、クライアントさんが話しやすいよう寄り添う影のような存在に徹すること。

10分も話を聞けば、Ａ４の紙はキーワードでいっぱいになります。テーマにまつわる具体的なことがらが1枚の紙の上で関連づけられて俯瞰できるため、自分の思考パターンを客観的に見ることができ、盲点になっていたことに気づいていくことができます。では、実例で見てみましょう。「　」付きの言葉がマッピング上に書きとったものです。

**■テーマ：カラダの調子（眼の疲れ／首のコリ／朝フラっとする）**

——まずは「眼」ですけど、何か、パソコンとかで眼をよく使うのですか？

**Ａさん：**はい。今、開業準備中で、色々と資料作成をしているんです。それで眼をよく使います。

――「開業準備中」と。ほう、それはどんなお仕事ですか。

**Aさん**：あの……、アロマテラピストです。

――「あの……」と。

**Aさん**：え？「あの」を書くんですか。アロマテラピストでは？

――ああ、すみません。そうですね。じゃあ「あの……、アロマテラピスト」と。

**Aさん**：……。

――さて、では、眼の疲れですけど、これをイメージで自分から取り出して、そこに置いてくれませんか。

**Aさん**：え？　取り外す？　え……、はい……。よいしょ。

――「よいしょ」と言いましたね。

**Aさん**：はい、言いましたけど、それも書くんですか？

――そうですね。からかっているわけじゃないんですよ。では、ちょっと「よいしょ」円の枝を広げてみましょうか。「よいしょ」って何か抱えたり、運んだりする時に言いますよね。イメージしてください。抱えるもので、いま、何が出てきますか？

**Aさん：**えーっと。子供です。

――「子供」!?　机とかじゃなく？

**Aさん：**あ……、でも、イメージで、いま出たものを、とおっしゃったので。

――そうですね。えーっと、抱きかかえるってことは、お子さんはまだ小さいのですね。

**Aさん：**はい、４歳になり、保育園に行き始めました。

――うーむ、「４歳」と。なるほど、少し手が離れたわけですね。

**Aさん：**そうです。私の母親も近くにいますので、保育園と母親にも見てもらって、何か仕事を始めたいと。

――ほほう、「何か仕事を」と。

**Aさん：**ええ、……変ですか？

――いえ、変じゃないです。ところで、いま前に置いた「疲れた眼」ですけど、少しイメージし直して下さい。それ、色にたとえると何色になります？

**Aさん：**色……？　えっーと、そうですねぇ。緑かなぁ。

――「緑」ですか。「緑」ねぇ。

**Aさん：**な、何ですか。

――はい。はぐらかすような聞き方をして、すみませんでした。緑ってね、症状からの色彩心理では、「休息」とか「感謝してほしい」とかを表すんです。

**Aさん**：えっ？　休息って、私、いまから仕事を始めるんですよ。

――ええ、これは、これからのお仕事のことというより、家事・育児からの休息でしょうかね。

**Aさん**：家事、育児からの？

――そうです。眼の疲れって、肝臓へのストレスとも関係していましてね。肝臓には怒りのストレスが溜まりやすい。

**Aさん**：怒り……。

――家事・育児って、あまり誰も評価してくれませんもんね。やって当たり前。でも、こまごまとしたことが、毎日、延々と続く。これって、結構たいへんですよ。これだけやっているのに、ご主人はというと、彼の方がもっと疲れていて、「俺は働いているんだ」と口には出さないまでも、態度ににじませる。

**Aさん**：……。

――たぶん、Aさんは何事もきっちりやる方ですよね。料理も、洗濯も、掃除も、子育ても。これから始められる仕事の準備もしっかり計画されているんじゃないですか。

**Aさん：**そ、それはそうですね。周りからはあまり根詰めないようにって言われます。

――たぶん、Aさんがいま欲しいのは、そうした助言ではありませんよね。欲しいのは、「ありがとう」のひと言ではないですか。

**Aさん：**……ありがとう、ですか。

――そう。感謝の言葉です。目の症状が出る人は頑張ってるのを表に出さない人が多いです。でも、そこには「これだけやってあげているのに、感謝のひと言もない」って怒りの気持ちが封印されていることもあります。

**Aさん：**……。（ぐ～……声にならぬ声）

――さっき、「あの……。アロマテラピスト」とか「何か仕事を」とかおっしゃいましたね。始めようとされる仕事は、じつはアロマテラピストという必然性はないのかもしれないですね。あなたは、あなたがした仕事に「ありがとう」と言ってもらいたい、ということです。

**Aさん：**そういえば、結婚する前に勤めていた時、職場をよく掃除していたんですが、それを見てくれていた上司がいました。いつも「きれいだね。ありがとうね」と言ってくれていたので、とてもハリがあったのを覚えています。

——そうですか。あなたのモチベーションは、「人によくやったね。おかげさまで助かったよ。ありがとう」という言葉をもらうことにあるんですね。

**Aさん：**ありがとう……か。最近言われたことないなぁ。子供の送り迎えでも、保育園の先生にこちらから「ありがとうございます」ですし、母親にも育児を手伝ってもらって、いつもこちらが「ありがとう」です。

——癒しの仕事を始めたい、っていう人が増えていますけど、だいたい「まず本人が癒されたい」と感じているケースが多いのです。あなたがアロマテラピストという仕事を始めるにしても、まず、自分がこの仕事を通じて何が得たいかを、はっきりしてからの方がよいかもしれませんね。

**Aさん：**私の場合、どんな工夫ができるでしょうか。

——そうですね。アロマ・カウンセリングとか、マッサージとか、クライアントさんへの施術が終わるでしょ。全部終わって帰り際、お客さんにニッコリ笑って、間《ま》を置くといいですよ。

**Aさん：**間《ま》を置く？

――そう、相手に「ああ、気持ちよかった、ありがとう」って言ってもらう間《ま》です。見たところＡさんはチャキチャキ時間型なので、間《ま》のとり方が十分じゃないです。相手が声をかけようとするタイミングを、自分からシャットアウトしてしまうことがありませんか。

**Ａさん：**ああ、自分では気づきませんが、でも、なにかの作業中もいつも次にすることが頭にあるので、そうなっているかもしれません。

――もったいないですね。無意識に感謝の言葉を拒否している。でも、ありがとうって言葉が本当はあなたを癒すんです。それをカラダがメッセージとして発していますね。

**Ａさん：**そうか……、何となくわかります。間《ま》をとるんですね。そしたら、肩コリや眼の疲れも取れるかも。やってみます……。どうも、ありがとうございました。

――こちらこそ、「ありがとう」ございました。

その後、Ａさんはアロマテラピストとして活躍され、教室を運営されるほどまでになりました。感謝の気持ちを伝えるアロマというテーマで主婦の方に大人気なのだそうです。

## カウンセリング現場で使うｉｂマッピングの進め方

①まず、Ａ４程度の紙を用意します。（左ページは正式なマッピングシート）

②聞き手と語り手は対面せずに、横並びまたは90度で座ります。

③語り手の名前、聞き手の名前を記入します。

④日付も忘れずに記入しましょう。後で見直した時に日付は重要です。

⑤テーマを決めます。テーマが決まったら、聞き手が用紙の真ん中に記入します。そしてそのテーマを中心にして質問を展開していきます。

⑥語り手は、その質問に対して、できるだけ短いフレーズで答えていきます。

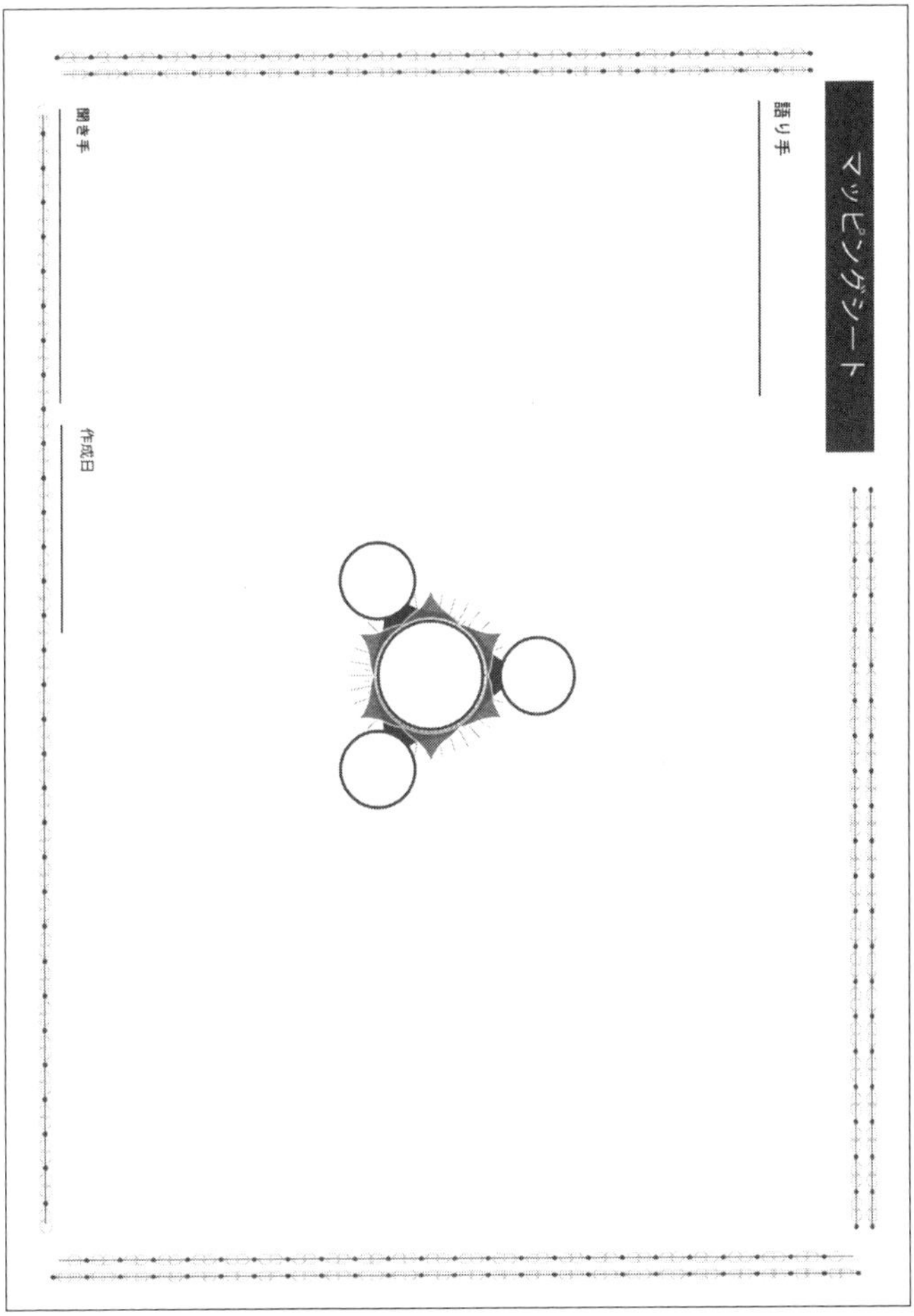
マッピングシート
語り手
聞き手
作成日

⑦聞き手は、マップ上にその質問の答えだけを記入し、放射状に展開していきます。質問の答えは、アレンジすることのないように、語り手が答えた内容をできるだけそのまま書くようにします。

⑧3つの円は3つの違った角度からの質問のパターンを表していますが、必ずしも、3つの質問にこだわる必要はありません。

⑨1つの質問を開始したら、その回答した円に、順に円を足していきます。そして、その円の枝が、次々に続いていくように、質問を続けていきます。

⑩聞き手が質問に行き詰まったり、語り手が回答に行き詰まったりした時は、前の円にもどり、別の角度から質問をして、円を足していきます。

⑪はじめの質問に対して、これ以上展開しないと思ったら、真ん中のテーマに戻って、新たな質問を開始します。

⑫こうやってｉｂマッピングを進めているうちに、語り手は、自分の頭の中が整理されてくるのがわかります。頭で考えていることが整理されると、今度は潜在意識のメッセージに気づきます。それが語り手にとって大切な気づきとなります。気づくことで、次の方向性が見えてくるのです。

⑬聞き手にとっては、目の前の語り手は自分の投影ですから、語り手とはまた違った観点で気づきがあります。

⑭ｉｂマッピングのすごさは、一方通行ではないということです。聞き手、語り手、双方向に作用します。

## COLUMN

# 子供は親の言葉以上に親の態度から学ぶ

幼児教育や胎内教育、母親が子供に与えるストレスに関して書かれた本も多いので、親の子供への影響について、とても慎重になるお母さんがいます。

うちに相談に来られる多くの親子のクライアントさんも、よく「私がこんな 育て方をしたもので」とおっしゃったりします。

でも、育て方に間違いも正しいもありません。親は精一杯、子供に関わるだけ。

それ以上はできないし、子供も本当のところ、それ以上を求めるわけではない。


ただ、私が、お母さんたちに申し上げるのは、「子供は親のしぐさや態度から学ぶ」ということです。「言葉の指示」だけでは子供は言われている意味を理解できません。


どういうことかと言うと……、ちょっとわかりやすい例を出しますね。

私が一番上の子に自転車の乗り方を教えていた時のことです。

「ああ、そうじゃない。もっとハンドルをまっすぐ構えて」

「なんで、フラフラすんの」

後ろから支えて一緒に走っていると、もうこっちも疲れてくるので、いつまでも乗れないわが子にイライラしてきます。


そんな折、わが妻はその自転車にまたがって、自らが「こう乗るのよ」と実践しました。 小さい子供用の自転車ですけど、自分が乗って、模範を示したのです。

すると、それを観察した娘は、ぱっと要領をつかんだようで、その日のうちに 乗れるようになったのです。

「ママの方が教えるのうまい！」

「……」(反省…)


なるほど私たちは、子供に「よく噛みなさい」「宿題やんなさい」

「お風呂に入りなさい」「早く寝なさい」と言葉で指示します。

それが高じて、ついには
「あなたのためを思って言っているの。あなたは幸せになりなさい」って。

でも「私はいいから、あなたは幸せに」というのは、子供には非常に受け取りにくい メッセージなんですよね。


子供のためにやることより、親がしっかり自分の人生を楽しんでいることこそ、子供にはダイレクトに伝わるメッセージなんです。


言葉より生き方で。

時折、子供の目をしっかり見据えて、

「お母さんは（お父さんは）あなたがいてとっても幸せよ」

って言ってあげましょう。

# 第八章 小５の春、中２の夏、高３の秋

## Lesson 24 子育てに正解はない、と腹をくくる

親も自分の人生を生きていますから、すべての注意を子供にささげるというわけにもいきません。ここで、改めて言いますが、「子育てには、正解はないもの」、と腹をくくりましょう。〝正しい〟子育てなど、過去にもなかったし、未来にも存在しないでしょう。実際、子供に正しいことを何度言っても何も伝わりません。その証拠に、「何度言ったらわかるのよ！」とあなたも言ったことがあるでしょう。その場合、「何度言ってもわからない」のです。

正しいことより何より、子供に伝わるのは、その正しい子育てをしようとしてくれている「親の一生懸命な姿勢、態度」だけです。

親の本気の関心こそ、子供にとっての最大の教育と言えるでしょう。

第6章で、できるだけほめる場面をたくさんロックオンしましょう、ということを言いました。何をしゃべったか、どんな言葉でほめたかも、もちろん大事です。しかし、それ以上に子供のそうした場面に〝気づく〟ことがもっとも重要なのです。

子育てには、子供の成長にとって大事なコミュニケーションポイントがあります。

そのもっとも大事なのが、小5の春、中2の夏、高3の秋です。小5の春は、年齢でいえばちょうど10歳（4月誕生日の子は11歳になります）。生まれてから丸10年がたっています。そこから高3の秋までの6年半は、子供は心身ともに急激な成長を遂げます。「小5の春」、「中2の夏」、「高3の秋」はいわば、「成長のエアポケット」と言えるでしょう。順調に飛行している飛行機が突然、乱気流に飲まれて一瞬機体を下降させるような感じです。

飛行機に乗られる方は、あのヒヤッとする感覚を想像いただけるでしょう。その時の機内アナウンスの「飛行にはまったく問題ありませんのでご安心ください」というCAさんの声がとても頼りがいのあるものに聞こえますよね。

子供の成長においても、これら3つのエアポケットに必要なのは、「ご安心ください」という声です。年齢は違えど、3つの時期に共通するのは、精神がたいへん不安定になりやすいということ。友達関係や異性関係など、家族や親とは別の因子で、自分の居場所に戸惑うことがあるでしょう。そんな時、親からの「ここ一番の言葉」……。

「大丈夫、順調だよ。それでいい。ちょっとへこんだって、あなたの人生にまったく問題はないから安心してね」

## ●小5の春……自分という存在と対峙する（10歳か11歳）

**■身体的変容：**

心臓心拍量があがる（血液循環のパターンが変わってくる）
女の子：生理の始まりについて意識する頃
男の子：空間認識能力の向上
スキャモン曲線：脳・神経的な発達のピーク
右脳・左脳の働きのバランスがとれる頃

**■心理的変容：**

得意科目、苦手な科目がはっきりしてくる、友達との比較によって、優越感と劣等感を抱く
子供にとって集団の中の個を見つめる時
問題：仲間はずれ、不登校、先生と合わない、いじめ、ネグレクト
女の子はグループをつくって、クラスでの派閥をつくる

## 小5の春　子供と語る・ibマッピングテーマ

### ●「自分問いかけワーク」

マッピングシート（P193）を使って、こんな質問をしてみましょう。

**「あなたは何が得意？」×5回**
**「あなたは何が苦手？」×5回**
**「あなたは誰？」×10回**

それぞれ5個、5個、10個の単語で答えてもらいましょう。

親子でするとなかなか真剣になれないかもしれませんが、あなたは何が得意？　何が苦手と聞く時には1回ごと、子供の顔をしっかり見て、問いかけましょう。

さらに、あなたは誰？　という質問は普通では絶対にない親子の会話です。決して突き放した感じにならないよう「あなたは自分を誰だと思う？」「それを聞かせて」というニュアンスを大事に、聞く時には少し微笑んで聞いてあげてください。

出てきた単語（5＋5＋10＝20）の単語から、親子の会話を広げてみましょう。子供はいったい何がやりたいのか？　夢は何なのか？　お母さんやお父さんが同じ年齢の頃に描いていた夢や目標を話して聞かせるのもいいですね。このワークは1回こっきりではなく、小5の春に何度もできる限りやっておきましょう。

その理由は、小5の春から夏にかけて、心臓が大きくなる大事な転換期だからです。

心臓には4つの部屋があります。左右の心房と心室。ここには毎日、大量の血液が流れ込みます。心臓は右に静脈血を、左に動脈血をたたえながら、それらを向き合わせるような構造をしています。

**●カラダの「内側」を隅々まで旅してきた静脈血。**

**●「外側」の空気を吸いこんだばかりの動脈血。**

この血液の両端を向き合わせるような恰好に心臓はなっているのです。血液とは、いわばリアルタイムな自分と言えます。そのはしっことはしっことを見比べながら、心臓は、「だいたい、自分はこの辺」と中庸をとっているのです。

心臓はつまり、周囲との関係から、自分はいったい何者で、どういうポジションにいるのかを決める働きをしているのです。その働きが大きくなる小5の春。自分問いかけワークが非常に効果的に、脳や身体にしみこむのです。

そのほかのテーマ、

## ●「勉強の意味」

「勉強は、なぜしなければならないのか？」ワークをやる前に親の考えをしっかり固めておく必要があります。習う単語や年号に意味があるの？　と問われた時。数学なんてお母さん大人になって使ってるの？　と問われた時。

脳にとってダメージとなるのは、〝脳の各部位を結ぶ回路を十分に使わない〟ことを教えてあげましょう。

カラダの筋肉は使わなければ痩せていきますね。脳も同じで、使わない回路は神経伝達物質が通りにくくなるのです。「筋トレ」で筋肉の筋線維が1本ずつ太くなっていくように、脳だって「脳トレ」で、回路を太くすることができます。

これは水の流れを想像してもらうとよいかもしれません。乾いた場所に、水の流れをつくるのは大変です。でも、最初の一滴《ひとしずく》さえ通れば、あとはそこを轍《わだち》に、水の通り道というのはできます。小さな水流があると、そこからどんどん流れの勢いがついていきます。

同様に、一度通ることができるようになった脳回路の流れというのは、次にやる時は簡単に通ります。

自転車に乗るのもそう、鉄棒もそう、英単語を覚える時も、数式を覚える時も、いったんコツをつかむと、すいすいと頭が働くようになるでしょう?

苦労して獲得した回路こそ強靭です。だから不得意なことや不可能だと思われたことに チャレンジした人が奇跡の人とか天才とか言われるのは当然といえば当然なのです。天才とはあきらめない脳回路のこと。

小5の春は、その可能性に満ち満ちた素敵な年なのだ、ということを子供に伝えてあげてください。

## ●中2の夏……自分の感情と対峙する（13歳か14歳）

**■身体的変容：**この年齢の頃にも心臓心拍量があがる
（血液循環のパターンが変わってくる）
女の子：生理の周期が安定してくる頃
男の子：身体能力の向上
スキャモン曲線：性の転換点
腎臓機能の安定化
第2次性徴期、セックスということがおぼろげながら理解できる

**■心理的変容：**
親からの心理的離脱、感情のコントロール
夢と現実のギャップにどう対処するか、男女の違いを知る
問題：中学校のいじめ、暴力、引きこもり
性、恋愛。セックスのことについてのからかい

これまでたくさんの子供たちのカウンセリングをしてきて、「中2の夏をおろそかにしてはいけない」という教訓を学んできました。

「金八先生」世代や「積木くずし」というドラマを見て育った親たちには、中学生に対して、どこか腫れ物を触るような感覚を共通して持っているかもしれません。

中学2年生といえば、義務教育終了まであと1年半という時期。人生において、ほぼ突然に「進路指導」という言葉がつきつけられます。

高校はある意味で、自分の選択で決める環境です。選択基準は主に学力になってしまっていますが、スポーツが得意な子はそれを生かして推薦入学などもあります。

日本はもともと寺子屋教育に適した環境が続いていましたが、義務教育に学区制が導入されたのは1941年公布の国民学校令からです。それ以前の尋常小学校には学区制はなく、どの学校に通うかは児童・生徒が自由に選べたのです！

1941年といえば、太平洋戦争の始まった年。この同年に始まった学区制には、戦時下の「一斉教育」的な空気が反映されていたかもしれません。その制度が今も続いているというのにもびっくりですが、学区制は、均等教育を大量生産的に施すには向いており、たしかに兵隊を養成するには効率的であったかもしれません。

敗戦後にも、戦後の経済成長にこの学区制一斉教育パワーが機能した、などと言われることもあります。ただ一方で、この制度はひとりひとりの個性を埋没・抑制させてしまう力をはらんでいるとも言えるでしょう。

その矛盾のようなものが直撃するのが、小5と中2だと私は考えるのです。特に、今後の進路など自分の等身大の能力と嫌でも向き合わされる中学校2年生には、自分と向き合う代わりに、社会や教師、学校、親への反発として、また、誰とも対立を避ける場合は内向的に引きこもりたくなる因子がかかりやすいです。

その一方で、友達の間では彼氏や彼女の話でもちきりになったり、性的な初体験の話も出てきたり、あるいはネット上の匿名のいじめへの加担、または対象に巻き込まれたりするケースも。リアルとバーチャルの区別があいまいで、さまざまな関心、興味、個性の多様性が、一か所に閉じ込められてしまったるつぼの空間。それが中学校2年生と認識した方がよいでしょう。そんな中2の〝夏休み〟は、ある意味でその箱からの一時避難。様々な感情があふれ出す時期なのです。冒頭の「中2の夏をおろそかにしてはいけない」というのはそういう意味です。どんなきっかけをつくってでも、この時期の子供との会話はできるだけ持ってほしいのです。

## ●中2の夏　子供と語る関係性心理テスト

「どんなきっかけでも」の一環として、以下の心理テストを使ってみてください。

想定は、砂漠を歩いてオアシスに向かおうとする私。

でも、一人ではありません。七頭の動物を連れています。その動物とは、

**象、キリン、牛、羊、馬、猿、ライオン**

です。途中まで一緒に旅をしてきましたが、どうやら目的地まで全員を連れていけそうもないことが判明しました。順番に一頭ずつ砂漠に置き去りにしていかなくてはなりません。

さあ、どの動物から？

**A.** 左ページのそれぞれの○に、置いていく順に番号を記入してください。最初に置いていく動物が1、最後まで一緒にいるのが7です。

**B.** 1〜3の動物の長四角の空欄には「置いていく」理由を書き込みましょう。

**C.** 5〜7の動物の長四角の空欄には「残しておく」理由を書き込みましょう。

関係性心理テスト

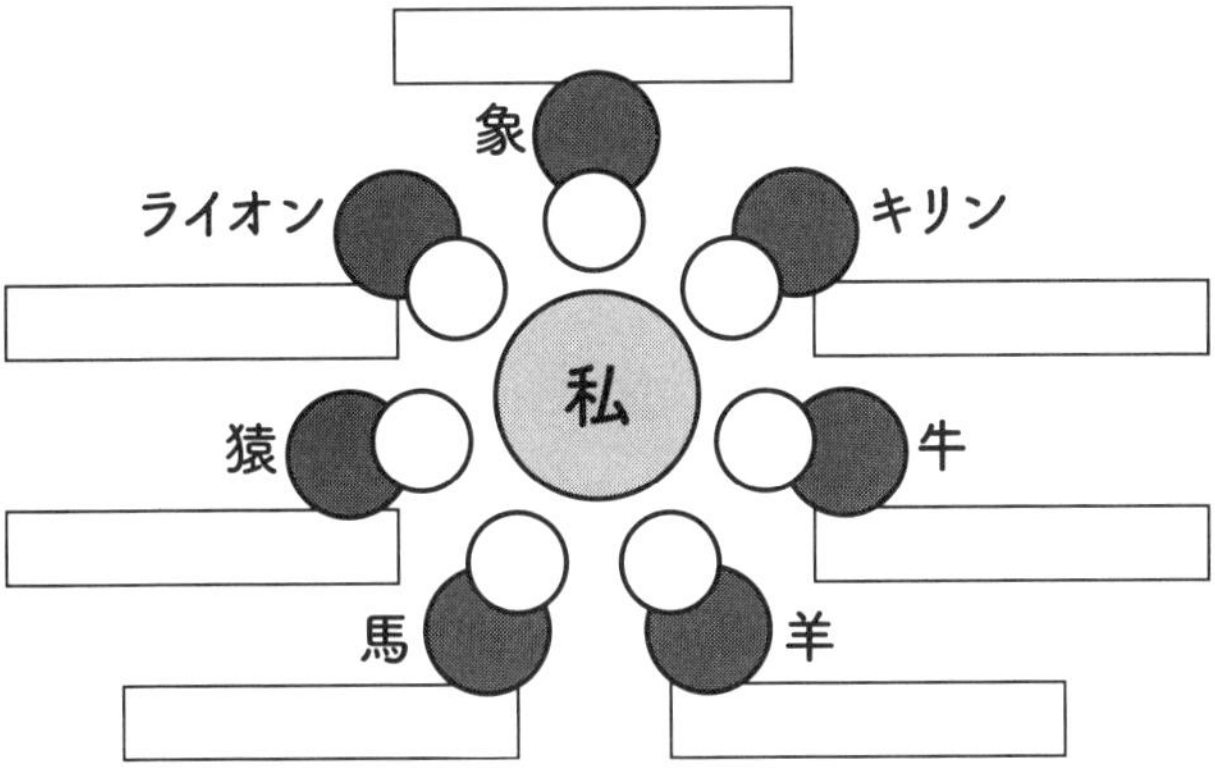


**D.** 4はちょうど真ん中になりますので、空けておいてください。

さあ、できましたか？　書き込む理由がとても大事なので、ここを親子で一緒に聞きながらマッピングもしてほしいと思います。７頭の動物は、実は、それぞれあるものを象徴しています。その答えは……、

**象　↓　両親**
**キリン　↓　自分の健康、長期計画、**
**牛　↓　お金、経済的基盤**
**羊　↓　パートナー、恋愛相手**
**馬　↓　仕事（あるいは時間とお金をかけてきた趣味、そこで知り合った人）**

**猿　　↓　子供（自分自身のインナーチャイルド）**
**ライオン↓　役割（世間に向けているあなたの顔）**

いかがでしょう？

あなたの○に書き入れた順番はどうなっていますか？

いちばん最初に手放したものは、両親？　役割？　はたまたパートナー？

逆に、いちばん最後まで一緒にいたのは何でしょう。

四角い空欄にそれぞれあなたが書き込んだ「理由」も、その象徴を念頭にいれて、改めて読んでみましょう。

７つの象徴に対するあなたの潜在的な欲求が表れているかもしれませんね。

以下、子供の選択した象徴に対する考察です。

**★まずは、いちばん最初に手放したものに注目してください。**
**「怒り」**や、思い通りにならない　イライラを感じている対象は、これかもしれません。

いちばん最初に手放したという点では、この対象に対して「すぐに判断した」と考察できます。その意味では、この対象の、ある一面だけをクローズアップしてとらえすぎている可能性があります。怒りは理解の拒否です。わかってくれないならわかってやらない。この態度からお子さんを解放するカギは……はい、あなた自身が子供への理解を始めるのが、やはり一番の近道です。1番目の対象について、様々な角度からマッピングをしてみましょう。イライラしてしまう理由を聞いてあげましょう。目的は子供がそう考える理由への〝理解〟です。

**★2番目のものに注目してください。**

これは、**「悲しみ」**の対象かもしれません。過去に傷ついた何かが、子供にその対象に対するフィルターをかけている可能性があります。

もう傷つきたくない、あんな悲しみは二度とごめんだ、という気持ちを生じさせるその対象。でも実は、そこに子供の才能も隠されているのです。

過去の傷は未来への才能の種……。2番目のものとのつき合い方・適度な距離感をしっかりと見極め、ステップアップの階段にしましょう。

**★3番目のものに注目してください。**

これは、子供にとって**「潜在的な恐れ」**の対象である可能性があります。3番目に選択しているという点で、あまり注目はされていませんが、それでも手放したいという範疇にはあります。気づかないままに置いている恐れというものは、過剰な労力、過剰な頑張り、過剰な気遣いを引き起こしてしまいます。

もし子供がふだんから疲れがとれず、寝てもすっきりしないというのであれば、3番目のものに対しての関わり方をこれまでと変える工夫を考えてみましょう。

**★いちばん最後まで置いておいたものに注目してください。**

それは実は、**「子供の不安や心配の種」**かもしれません。あるいは、**「秘密」**にしておきたい何か？　はたまた依存し、依存されてしまっている**「共依存」**の関係にあるもの？

いちばん最後に残しておいたものを手放して、「それなし」でやっていけるお子さんを想像できますか？　13～14歳は親からの心理的独立の時ですから、ここに出てくる対象は子供の自立のカギになるもの。最後のそれがあってもなくてもやっていけるにはどうしたらよいかしっかり考えてみましょう。

## ★4番目のものに注目してください。

1番最初に手放したものや1番最後まで残しておいたものには、良い悪いは別にして、それなりに「意識が向いている」と言えます。ところが、はじめからも終わりからも4番目というのは、もっとも意識の届いていないものと言えるでしょう。

しかし、ここがその子の足元なのです。足元だけにあまり見えませんが、「幸せ感の開放」のカギは、4番目のものに改めて注目し「ありがとう」という気持ちを向けてあげることが重要なのです。

4番目に選択した対象物の四角い空欄に、「ありがとう」と書き込みましょう。

子供の足元、その子をもっとも支えてくれる存在への感謝を込めて。

以上、この心理テストでつけた優先順位をもとにもっと個別で潜在的な理由を読み解くのに、ｉｂマッピングを活用してみましょう。何かの選択の裏には、必ずその人の価値観、場合によっては自分でも気づかない潜在的欲求が隠れています。

簡単な心理テストから、中2の子供とそれぞれの意味について会話し、お互いの考えを共有できたなら、多感な時期を信頼関係を持って過ごすことができるでしょう。

## ●高3の秋…自分の生き方と対峙する（17歳か18歳）

**■身体的変容：大人とほぼ同じに成長**
**■心理的変容：大人への準備期間**
進学、就職、人生、方向性、経済、お金のことについてリアルに考える
「論理性」と「合理性」の違い。社会矛盾をどうとらえ
自分の中にその回答を導き出す力を養う
問題：本音を上手に隠す。言葉に敏感で、友人間の言葉のやりとりなどに
1日の気分が大きく左右される

中2の時には感情との向き合い方を、高3の時には人生観を、親子で共有できたらとても素晴らしいです。

しかし、高3ともなれば、子供にも親には普段は見せない側面があるはずです。

特に自分の能力ややりたいことについて、子供がそれを垣間見せた時、たとえそれがどんなことでも（たとえば「ギタリストになりたい」「レーサーになりたい」「プロ

スポーツに進みたい」「農業に従事したい」「エコヴィレッジに住みたい」「世界をバックパッカーで歩きたい」など)、「それはよく考えてみよう」と即座に上から目線でジャッジをしないこと。

「へー、そんなこと考えていたのか」と同意を示し、これからのますますの成長を誰よりも楽しみにしていることを、まず伝えましょう。

高3の秋は、中2の夏とはまた違った意味で、自分と向き合う季節です。

就職活動にいそしむ友達、大学受験を控える友達……。大学もそれぞれ工学系、物理系、数学系、経済学、法学、文学など多種多様の分野があり、まるで一本の木の幹にいた仲間たちがそれぞれに枝分かれしてゆくことを感じます。

みんなそれぞれが自分のこれからの人生を意識し、迷いつつ戸惑いつつも、自分の歩んでいく道を決めていく時期。

高校進学率97%と言われる日本において、高校進学を明確な意思をもって選んだ子供は少ないでしょう。だから、いよいよ社会に出る、いよいよ大学に進み自分の専門を決めるというこの「高3の秋」の段階になって、なんだか取り残され感のある子も、至近距離でまもなく来る大学受験のことで頭がいっぱいの子も、まだ自由でいたくて遊んでいる子も、大いに夢を語り、自分の可能性を信じる子も、この時期、共通して意識することがあります。

**それは、人生の指針となるものは何か？　ということ。**

情報化社会を生き抜いてきた現代の子供たちは、情報の多くが広告であったり、二重構造になっていたりすることに敏感です。

親が想像する以上に、たくさんの知識・情報を持ち、振る舞いも態度も、付きあう相手や場面に合わせて使い分けをしています。リアル社会以外にネットでの付き合いもしなければならない現代高校生こそ、私は「本音と建て前」という日本人独特の技能を、もっとも体現した「濃縮世代」かもしれないと思っています。

高校生たちはだから、本音を隠す言葉遣いが非常にうまいです。それが意味が伝わる人にだけ伝わればいい、という女子高生の言葉文化にも反映していると思います。

（例）

**フロリダ…**「風呂に入るから（会話から）離脱する」

**MJK…**「マ（M）ジ（J）か（K）」

**KSK…**「（K）結婚（S）して（K）ください」

**きびつい…**「厳しい」と「きつい」が掛け合わさった言葉

**あざお…**「ありがとうございます」かつては「あざます」「あざーす」

**かわいい…**自分の感性に合うものはすべてかわいい

俳句の達人の松尾芭蕉もびっくりでしょう。略して意味を伝える文化は、世界広しと言えど、日本語がダントツだそうです。

しかし、それゆえでしょうか。現代高校生たちは、どこかで「青臭い話」を求めている子が多いです。ダサいと言いながら、がつんと真正面からぶつかっている大人を評価しています。そして、自分自身も真剣に社会と向きあい考える機会を求めています。自覚するしないは個人差がありますが、この時期、子供たちは、自分のココロの基盤や決断の手引きになるようなものを潜在的に欲しているのです。

## ●高3の秋　子供と語る・ibマッピングテーマ

だからこそあえて、もしマッピングを取れるような機会があれば、こんなテーマでとってみてください。

### ●「人生問いかけワーク」

マッピングシート（P193）を使って、こんな質問をしてみましょう。

**「お金とは？」　×10回**
**「人生とは？」　×10回**
**「愛とは？」　×10回**

それぞれ連続的に右の短い質問を10回投げかけ、あまり考えさせずに連想ゲームのように、10個の単語で答えてもらいましょう。シート上にそれを書き込んでください。そうして出てきた単語を見渡し、少し質問を足して、なぜ「お金とは「●●」なの？」と、子供の回答から質問をさらに展開していきましょう。

この過程で大事なことは、あなた自身が、親としてというより、一人の人間として、「お金」「人生」「愛」についてどのように考え、どんな言葉を持っているかという点です。あなた自身の人生観であったり、自分哲学と言えるもの……。それを使えるチャンスにしてもらいたいということです。

高校を卒業すると同時に、家元を出る子供もたくさんいるでしょう。考えてみれば、人生において、子供と一つ屋根の下で暮らす期間というのも、じつはそんなに長くはありません。だからこの時期、あなたの考え方を、これは子供に教え諭すというのではなく、一人の大人の考え方として提示してみてください。それを参考にするかどうかは、ここまで無事育ってきたこの子が決めることという気持ちを持って……。

そして、マッピングの最後に、こう付け加えてください。

**「あなたが私の子供で本当によかった。あなたに親にしてもらえたことにココロから誇りに思います。ありがとう」**

# あとがき

子供を育てる親にとって、最終ゴールとは何でしょう？

あらためて問われれば、「健全に育ってほしい。感受性豊かな子になってほしい。ちゃんとした大人になってほしい。人様に迷惑をかけないよう生きてほしい」などと答えが出てくるでしょう。しかし、自問してください。本当は、どんなゴールを望んでいるのか？

子育ては「責任」だ、という人がいます。子育ては「義務」だという人も。

義務や責任なら、間違ってはならない、ちゃんとやらねばならないという無言のプレッシャーがかかります。周囲に「恥ずかしくないように」子育てをするうち、誰もがなるべく「間違わない子育て」にとらわれるようになります。

でも実のところ、子供の記憶に残るのは「正しさ」ではありません。たとえその時は間違っていたとしても、自分に一生懸命に関わってくれた親の姿、試行錯誤しまくりの、一貫性があるとはとても言い難いけど、それでも自分のことを真剣に思ってくれた親の姿……。子供の記憶にはそういう風にしか残りません。

想像してみましょう。いつしかあなたのもとを卒業する子供が、「あなたの子供でよかった。あなたに育ててもらって本当に楽しかった」なんて素敵な言葉を言ってくれたとしたら、その時、ふたりの脳裏に共通して浮かぶのはどんな思い出のシーンでしょう？

たくさん笑い、たくさん泣き、おんぶしてだっこして、走り回って、添い寝して。一緒に踊って、一緒に歌って、時々、ひどい言い合いもしたけれど、でもまた両手いっぱいに広げた胸に飛び込んで、ぎゅっとハグしあって……。

子供の記憶に残る名シーンを、あなたはあなたの手でつくることができます。あなたは「あなたの子育て」という映画の映画監督。マニュアル通りの映画ほど、つまらないものはありませんもんね。


本書を書くにあたり、たくさんの方の協力を頂きました。株式会社スパイラルアップ代表の芳賀昭文さん。ｉｂマッピングを用いた親子コミュニケーション講座（Ｐ２２３）を一緒に作っていく中で、同世代の父親同士、子育てについてたくさん意見を交わしました。その会話も大きな参考になりました。ありがとうございます。

本書編集担当であり、株式会社かざひの文庫代表の磐﨑《いわさき》文彰《ふみあき》さん。予定より大幅に遅れてしまった原稿をすばやい編集と見事なレイアウトでたいへん読みやすい作品に仕上げてくださいました。心から感謝申し上げます。

自然治癒力学校スタッフの倉本優子さん、寺神かおりさん、宇都宮万記さん、彼女たちのサポートなしには私の仕事は成り立ちません。そして、ｉｂマッピングの普及に人生をかけてくれている吉田桂子さん、本当にいつもありがとう。

それから、私を親にしてくれた３人の娘たちに感謝します。たくさんの素敵な思い出を本当にありがとう。あなたたちに親にしてもらえたこと、心から幸せに思っています。そして、その子供たちを笑顔いっぱいに育ててくれた妻。素晴らしい子育てをありがとう。

本書が、親子物語の名シーン作りにたくさんお役に立てたら、著者としてこの上ない喜びです。

**おのころ心平**

# 一般社団法人自然治癒力学校

最強のココロ整理術「ibマッピング専用」サイト

http://naturalhealing-school.org/ib-mapping/

※詳細は、「ibマッピング」で検索。

# PROFILE

## おのころ心平

一般社団法人自然治癒力学校理事長。
ココロとカラダをつなぐカウンセラーとして21年、2万3000件以上のカウンセリング実績をもつ。カラダの症状からココロのメッセージを読み解き、「ココロの生活習慣」改善を中心にセルフケア指導を行なう。子供のアトピー、アレルギー体質、急性肝炎、小児がんなどのカウンセリングも数多く、子供のカラダの発達とココロの成長、親子関係や家族の「場」が子供のカラダに与える影響をもとに進めるカウンセリングには定評があり、全国各地から予約が殺到。現在は予約を一時中断している。カウンセリングの現場から生まれた独自のコミュニケーション・メソッド「ibマッピング」が、親子コミュニケーション、職場コミュニケーション等のさまざまな場面に活用され、ibマッピング基礎講座受講生は2500人以上。著書『最強のココロ整理術「ibマッピング」』（マガジンハウス）は、アマゾン総合ランキング（すべての本）総合1位を獲得。そのほかにも、『病気は才能』（かんき出版）など著書多数。公式ブログ『ココロとカラダの交差点』（毎日2回更新）は月間45万アクセス。オフィシャルFB読者も、40000件を越える。

---

今《いま》しかできない！　子供《こども》の脳力《のうりょく》を引《ひ》き出《だ》す

**ここ一番《いちばん》の言葉《ことば》**

～親子関係《おやこかんけい》がみるみる変《か》わる魔法《まほう》のツール「子育《こそだ》て ib《アイビー》マッピング」～

**著者　おのころ心平**

2016年9月10日　初版発行

発行者　磐﨑文彰
発行所　株式会社かざひの文庫
〒110-0002　東京都台東区上野桜木2-16-21
電話／ＦＡＸ03(6322)3231
e-mail:company@kazahinobunko.com　http://www.kazahinobunko.com

発売元　太陽出版
〒113-0033　東京都文京区本郷4-1-14
電話03(3814)0471　ＦＡＸ03(3814)2366
e-mail:info@taiyoshuppan.net　http://www.taiyoshuppan.net

印刷　シナノパブリッシングプレス
製本　井上製本所

装丁　舛沢正子


ISBN978-4-88469-880-5